Motivação, atitudes e habilidades:
recursos para a aprendizagem

Dados Internacionais de Catalogação na Publicação (CIP)
(Câmara Brasileira do Livro, SP, Brasil)

Motivação, atitudes e habilidades : recursos para a
aprendizagem / organizadoras Denise D'Aurea-Tardeli,
Fraulein Vidigal de Paula. — São Paulo : Cengage
Learning, 2016. — (Coleção Escola e contemporaneidade
/ temas emergentes à psicologia da educação)

Vários autores
Bibliografia.
ISBN 978-85-221-2548-7

1. Aprendizagem 2. Educação - Finalidades e objetivos
3. Ensino a distância 4. Psicologia educacional
5. Professores - Formação I. D`Aurea-Tardeli, Denise.
II. Paula, Fraulein Vidigal de. III. Série.

16-01974   CDD-370

Índice para catálogo sistemático:
1. Aprendizagem : Educação 370

Coleção
ESCOLA E CONTEMPORANEIDADE
Temas emergentes à Psicologia da Educação

Motivação, atitudes e habilidades: recursos para a aprendizagem

Organizadoras

Denise D'Aurea-Tardeli   Fraulein Vidigal de Paula

Autores

Elizabeth dos Reis Sanada
Karen D. Magri Ferreira
Lineu Norio Kohatsu
Mônica Cristina Garbin
Rinaldo Molina
Selma de Cássia Martinelli
Ulisses Ferreira Araújo

Austrália • Brasil • Japão • Coreia • México • Cingapura • Espanha • Reino Unido • Estados Unidos

Motivação, atitudes e habilidades: recursos para a aprendizagem
Coleção Escola e contemporaneidade – Temas emergentes à Psicologia da Educação
Denise D'Aurea-Tardeli e Fraulein Vidigal de Paula (organizadoras)

Gerente editorial: Noelma Brocanelli

Editora de desenvolvimento: Salete Del Guerra

Editora de aquisição: Guacira Simonelli

Supervisora de produção gráfica: Fabiana Alencar Albuquerque

Especialista em direitos autorais: Jenis Oh

Copidesque: Sandra Scapin

Revisão: Vero Verbo

Diagramação: Cia. Editorial

Capa: Buono Disegno sob projeto de Souto Crescimento de Marca

© 2017 Cengage Learning Edições Ltda.

Todos os direitos reservados. Nenhuma parte deste livro poderá ser reproduzida, sejam quais forem os meios empregados, sem a permissão, por escrito, da Editora. Aos infratores aplicam-se as sanções previstas nos artigos 102, 104, 106 e 107 da Lei nº 9.610, de 19 de fevereiro de 1998.

Esta editora empenhou-se em contatar os responsáveis pelos direitos autorais de todas as imagens e de outros materiais utilizados neste livro. Se porventura for constatada a omissão involuntária na identificação de algum deles, dispomo-nos a efetuar, futuramente, os possíveis acertos.

A Editora não se responsabiliza pelo funcionamento dos links contidos neste livro que possam estar suspensos.

Para informações sobre nossos produtos, entre em contato pelo telefone **0800 11 19 39**

Para permissão de uso de material desta obra, envie seu pedido para **direitosautorais@cengage.com**

© 2017 Cengage Learning. Todos os direitos reservados.

ISBN-13: 978-85-221-2548-7
ISBN-10: 85-221-2548-1

Cengage Learning
Condomínio E-Business Park
Rua Werner Siemens, 111 – Prédio 11 – Torre A – Conjunto 12
Lapa de Baixo – CEP 05069-900
São Paulo – SP
Tel.: (11) 3665-9900 – Fax: (11) 3665-9901
SAC: 0800 11 19 39

Para suas soluções de curso e aprendizado, visite **www.cengage.com.br**

Impresso no Brasil.
Printed in Brazil.
1 2 3 4 5 6 7   13 12 11 10 09

*Dedicamos este livro a **Adriana de Oliveira Ribeiro** (in memoriam), pessoa **motivada**, com **atitude** sempre positiva em seus 88 anos de vida e que despertou **habilidades** em muitas gerações.*

Sobre os autores

Denise D'Aurea-Tardeli (Organizadora) Doutora em Psicologia Escolar e Desenvolvimento Humano pelo Instituto de Psicologia da Universidade de São Paulo (USP), é docente e coordenadora de cursos na Universidade Metodista de São Paulo e no Centro Universitário Unimonte (Santos). Tem experiência com formação de professores de ensino fundamental e é pesquisadora na área da Psicologia e Moralidade. Pós-doutorado em andamento sobre o tema da adolescência e projeto de vida.
e-mail: denisetardeli@gmail.com

Elizabeth dos Reis Sanada Psicanalista, é doutora e mestre em Psicologia Escolar e do Desenvolvimento Humano pelo Instituto de Psicologia da USP. É docente no curso de graduação e pós-graduação em Pedagogia do Instituto Superior de Educação de São Paulo – Singularidades. Consultora educacional na área de Educação e Psicanálise.
e-mail: elizabeth.sanada@hotmail.com

Fraulein Vidigal de Paula (Organizadora) (Organizadora) Graduada em Psicologia pela Universidade Federal de Juiz de Fora e doutora em Psicologia pela Université Rennes 2 (França) e em Psicologia Escolar e Desenvolvimento Humano pela Universidade de São Paulo (USP), é docente no Instituto de Psicologia da Universidade de São Paulo (USP). Pesquisadora do Laboratório de Estudos do Desenvolvimento e da Aprendizagem (Leda), líder do Grupo de Pesquisa: Processos de Cognição, Linguagem e Cultura e membro do grupo Afetividade e Cognição. É colaboradora em pesquisa de universidades brasileiras e estrangeiras, autora de livros e de projetos junto a escolas sobre de contextos de desenvolvimento humano, processos de ensino e aprendizagem escolar, alfabetização, aperfeiçoamento de habilidades cognitivas, de leitura e de escrita.
e-mail: fraulein@usp.br

Karen D. Magri Ferreira Formada em Psicologia e pós-graduada (*lato sensu*) em Sociopsicologia, é mestre em Educação: História, Política, Sociedade pela Pontifícia Universidade Católica de São Paulo (PUC-SP) e doutoranda em Psicologia Escolar e do Desenvolvimento Humano pela Universidade de São Paulo (USP). Tem experiência no grupo de pesquisa do Laboratório de Estudos sobre o Preconceito do Instituto de Psicologia (USP), tendo participado das pesquisas do Programa de Apoio Integrado e Referencial (Pair) de combate à violência sexual infantojuvenil na cidade de São Paulo e na realização das pes-

quisas sobre o preconceito em relação aos incluídos na Educação Inclusiva e sobre bullying sexual homofóbico.
e-mail: karenmagri@gmail.com

Lineu Norio Kohatsu Graduado em Psicologia, com especialização em Distúrbios do Desenvolvimento, tem mestrado e doutorado em Psicologia Escolar e do Desenvolvimento Humano pela Universidade de São Paulo (USP), onde é professor do Instituto de Psicologia. Desenvolve pesquisas sobre Licenciatura e Ensino de Psicologia no ensino médio, educação inclusiva e sobre o uso de fotografia e vídeo em pesquisas de psicologia.
e-mail: lineubr@gmail.com

Mônica Cristina Garbin Doutora em Educação pela Universidade Estadual de Campinas (Unicamp), é graduada em Pedagogia e tem mestrado em Educação, ambas pela Universidade Estadual de Campinas (Unicamp). Em 2012, foi *visiting research scholar* na Stanford University, na Califórnia (EUA), tendo participado de projetos relacionados a educação suportada por tecnologias. Foi tutora do curso de especialização semipresencial em Ética, Valores e Saúde na Escola e atuou como supervisora de tutores no curso de especialização semipresencial em Ética, Valores e Cidadania na Escola. Ambos os cursos são uma parceria entre a Universidade de São Paulo (USP) e a Universidade Virtual do Estado de São Paulo (Univesp). Tem experiência nas áreas de Educação e Tecnologia, Formação de Professores, Educação a Distância, Metodologias Ativas de Aprendizagem e Recursos Tecnológicos Educacionais.
e-mail: monica_garbin@yahoo.com.br

Rinaldo Molina Graduado em Psicologia pela Universidade Estadual Paulista/Assis, tem mestrado em Educação pela Universidade Federal de São Carlos (UFSCar) e doutorado em Educação pela Universidade de São Paulo (USP). Atua como professor adjunto do curso de Psicologia da Universidade Presbiteriana Mackenzie e coordenador do Programa de Atenção e Orientação ao Discente com Deficiência. Tem experiência nas áreas de Psicologia e Educação com ênfase nos seguintes temas: psicologia escolar, desenvolvimento e aprendizagem profissional de professores e pesquisa-ação colaborativa.
e-mail: rinaldomolina@gmail.com

Selma de Cássia Martinelli Graduada em Pedagogia pela Universidade Federal de São Carlos (UFSCar), tem mestrado e doutorado em Educação pela Universidade Estadual de Campinas (Unicamp). É professora livre-docente da Unicamp e coordenadora e líder do Grupo de Estudos e Pesquisa em Psicopedagogia. Tem experiência na área de Psicologia Educacional e Educação, com ênfase em aprendizagem e desempenho acadêmicos, atuando principalmente nos seguintes temas: avaliação e instrumentos de medida psicoeducacio-

nal, aprendizagem, dificuldades de aprendizagem, aquisição da escrita, fatores afetivo-motivacionais, sociais e familiares.
e-mail: selmacm@unicamp.br

Ulisses Ferreira Araújo Doutor em Psicologia Escolar e do Desenvolvimento Humano pela Universidade de São Paulo (USP), é mestre em Educação pela Universidade Estadual de Campinas, concluindo sua graduação em Pedagogia pela Universidade Católica de Goiás. Fez pós-doutorado nas universidades de Barcelona, Espanha, e Stanford, EUA. Professor titular da Escola de Artes, Ciências e Humanidades da Universidade de São Paulo (USP Leste), é presidente da Pan American Network for Problem-Based Learning (PANPBL). Na USP, é coordenador científico do Núcleo de Pesquisas em Novas Arquiteturas Pedagógicas e coordenador do Núcleo de Apoio Cultural, Social e Educacional (Nasce).
e-mail: uliarau@usp.br

Apresentação da coleção

Escola e contemporaneidade
Temas emergentes à Psicologia da Educação

Denise D'Aurea-Tardeli   Fraulein Vidigal de Paula

A contemporaneidade traz novos rumos para toda a comunidade escolar, já que pressupõe a valorização das diferenças, a inserção das mídias interativas, a não linearidade histórica e a fragmentação do conhecimento. Promover uma educação que seja sensível a esses aspectos é imprescindível ao estabelecimento de estratégias que estejam de acordo com os desafios dos novos tempos.

Professores e demais profissionais da Educação devem se questionar desde o ponto de vista ético e pessoal, até a prática cotidiana no exercício de sua função. É preciso questionar ainda o papel da escola e pensar que é possível a construção de um mundo diferente, impulsionado por uma educação transformadora. Conscientes de que os processos educativos estão ligados à complexidade crescente dos processos sociais, econômicos e políticos do mundo em que vivemos, consideramos que a escola continua se organizando segundo um modelo educativo ineficaz que nem sempre fornece respostas aos desafios da contemporaneidade.

Se a escola representa uma parcela imprescindível do cenário social e político e um espaço privilegiado para a formação de cidadãos críticos e participativos, capazes de promover transformações, não é o que se percebe no contingente do alunado em geral, que vive uma crescente perda de reconhecimento e ausência de sentido para sua vida e seus aprendizados. Ao mesmo tempo se veem diante de exigências, responsabilidades e cobranças que a sociedade atual lhes impõe.

Cabe à escola e aos educadores promover uma educação que contribua com a formação de cidadãos responsáveis, capazes de reconhecer e lutar por seus direitos, comprometidos com a justiça e com a sustentabilidade do planeta; uma educação que estabeleça o respeito à diversidade como fonte de enriquecimento humano, a defesa do consumo responsável, o respeito aos Direitos Humanos, a valoração do diálogo como instrumento para a resolução pacífica dos conflitos e o compromisso na construção de uma sociedade justa, equitativa e solidária.

Contudo, a fim de satisfazer essa necessidade, há que proporcionar aos profissionais da Educação o esteio para situar de modo consciente sua atuação, suas questões e crenças, e para encontrar interlocuções que possam contribuir para alimentar suas reflexões e aperfeiçoar sua prática. A possibilidade de uma reflexão consistente, apoiada nas teorias atuais sobre Psicologia e Educação, com certeza apontará caminhos para os docentes no cotidiano escolar.

Foi justamente com o propósito de cumprir esse papel que organizamos a coleção "Escola e contemporaneidade: temas emergentes à Psicologia da Educação", convidando um conjunto de autores que vêm construindo saberes e práticas na interface Psicologia e Educação. A coleção é composta de quatro volumes independentes, dos quais dois já foram publicados:

1. *O cotidiano da escola: as novas demandas educacionais*
2. *Formadores da criança e do jovem: interfaces da comunidade escolar*
3. *Motivação, atitudes e habilidades: recursos para a aprendizagem*
4. *Estratégias para o ensino: processos e resultados* – no prelo

Nesse sentido, o campo da Psicologia da Educação pode trazer reflexões sobre a situação inevitável de adaptação da escola e seus atores ao contexto atual e contribuir para a busca de um novo paradigma na compreensão da realidade educacional, além de propor maneiras de resgatar a integração e a vinculação dos professores com os alunos no processo de ensino-aprendizagem. Este trabalho pretende refletir, apresentar um posicionamento crítico e sugerir caminhos possíveis.

Sumário

Apresentação, XV
Denise D'Aurea-Tardeli
Fraulein Vidigal de Paula

1 A motivação na escola: desafios e perspectivas, 1
  Selma de Cássia Martinelli

2 As diferenças significativas nos desenhos animados infantis: contribuições para a formação numa perspectiva inclusiva, 9
  Lineu Norio Kohatsu
  Rinaldo Molina
  Karen D. Magri Ferreira

3 Sexualidade e educação infantil: fundamentos e subsídios para a intervenção docente no cotidiano escolar, 41
  Elizabeth dos Reis Sanada

4 Metodologias ativas de aprendizagem e a aprendizagem baseada em problemas e por projetos na educação a distância, 76
  Ulisses Ferreira Araújo
  Mônica Cristina Garbin

Apresentação

Motivação, atitudes e habilidades: recursos para a aprendizagem

Fraulein Vidigal de Paula   Denise D'Aurea-Tardeli

Como ajudar o aluno a se encantar pelo conhecimento e investir em seu processo de aprendizagem? Como fazê-lo compreender o valor das diferenças e o sentido da equidade? O que responder a uma criança que pergunta sobre sexo? Como desenvolver a autonomia do estudante? Como prepará-lo para a resolução de problemas ligados à sua formação? Como formar o docente para lidar com essas situações que se colocam no cotidiano da educação escolar? Como a educação a distância se apresenta como uma possibilidade de formação e que novos desafios traz ao professor? Essas são questões que dizem respeito à formação humana dos alunos em termos de atitudes, valores, habilidades e motivos que norteiam as suas ações, em sua vida dentro e fora da escola. Os autores aqui reunidos tratam desses temas desafiadores, definindo-os, circunstanciando sua manifestação na escola e propondo modos de abordá-los e promovê-los.

No Capítulo 1, "A motivação na escola: desafios e perspectivas", Selma de Cássia Martinelli aborda o tema da Educação e do contexto escolar na atualidade, o qual exige uma reflexão bastante complexa e aprofundada, que muitas vezes não corresponde aos anseios de quem está vivenciando, no dia a dia, a realidade desse contexto. Pensar o sistema educativo tem imposto a professores e especialistas grandes e urgentes desafios, que são maiores do que as próprias possibilidades de atuação desses profissionais. Dentre tantos imensos desafios, e no espaço que cabe a este trabalho, a autora escolheu tratar de um que é sem dúvida decisivo: a motivação dos alunos para a aprendizagem.

No Capítulo 2, sob o título "As diferenças significativas nos desenhos animados infantis: contribuições para a formação numa perspectiva inclusiva", Lineu Norio Kohatsu, Rinaldo Molina e Karen D. Magri Ferreira apresentam uma discussão sobre o modo como as diferenças significativas têm sido representadas em desenhos animados infantis de longa-metragem e apontam como preconceitos, estereótipos e estigmas são frequentemente associados a elas. Os autores pretendem com o trabalho contribuir para a reflexão sobre as diversas formas de manifestação do preconceito e, desse modo, contribuir também para a formação de professores e alunos na direção de uma sociedade mais tolerante com as diferenças.

O Capítulo 3, "Sexualidade e educação infantil: fundamentos e subsídios para a intervenção docente no cotidiano escolar", de autoria de Elizabeth dos Reis Sanada, com base em sua experiência de mais de 25 anos de trabalho e estudos relacionados ao tema da sexualidade na educação, objetiva apresentar as principais contribuições da Psicanálise nessa área, discutindo as principais dificuldades apontadas por professores diante das manifestações da sexualidade no cotidiano escolar e oferecendo subsídios teórico-práticos para a intervenção docente.

No Capítulo 4, "Metodologias ativas de aprendizagem e a aprendizagem baseada em problemas e por projetos na educação a distância", Ulisses Ferreira Araújo e Mônica Cristina Garbin tratam dos principais resultados do uso da Aprendizagem Baseada em Problemas e por Projetos (ABPP) num curso para a formação continuada de professores, oferecido na modalidade semipresencial em nível *lato sensu*, numa parceria entre a Universidade de São Paulo (USP) e a Universidade Virtual do Estado de São Paulo (Univesp). Trata-se do curso de especialização em Ética, Valores e Cidadania na Escola (EVC), que se apoia no uso das novas tecnologias da comunicação e interação, proporcionando recursos em diferentes linguagens para o desenvolvimento de conteúdos em ética e cidadania. Uma das principais ideias do curso é o uso de diferentes metodologias e recursos para o suporte à aprendizagem, de forma que contemple as variadas maneiras de aprender dos estudantes. Parte-se do princípio de que as pessoas aprendem de diferentes maneiras e, portanto, os conteúdos precisam ser apresentados usando recursos diversos. As opções metodológicas do curso buscavam assim construir novos modelos educativos mais coerentes com as demandas de re-invenção da educação, cobradas pela sociedade da informação.

A motivação na escola: desafios e perspectivas

Selma de Cássia Martinelli

Nos dias atuais, a abordagem do tema "A educação e o contexto escolar" exige reflexão bastante complexa e profunda, nem sempre satisfatória do ponto de vista de quem está vivenciando, no dia a dia, essa realidade. Pensar o sistema educativo tem imposto a professores e especialistas grandes desafios, todos eles de uma complexidade e urgência que ultrapassam as possibilidades reais de atuação desses profissionais. Listar todos os problemas e os desafios encontrados demandaria um tempo e espaço que certamente surpreenderiam a muitos. O limite que este trabalho impõe permite-nos tratar de apenas um, dentre tantos desafios colocados: a motivação dos alunos para a aprendizagem.

Perspectivas teóricas diferentes em seus pressupostos básicos trataram do tema da motivação e de suas implicações para o comportamento humano. Embora tenham adotado princípios variados para refletir sobre fenômeno tão complexo, é possível afirmar que, em todas elas, encontra-se embutida a ideia de que esse componente interno é o elemento que nos coloca em ação, ou, dito de outra forma, é o que desencadeia e mantém o comportamento de um indivíduo. Logo, pode-se dizer que há nesse constructo, a motivação, um caráter energético e afetivo.

Uma definição tão simples de ser compreendida é, no entanto, de difícil mensuração e, mais ainda, de operacionalização, quando o que está em causa é promover essa característica em outras pessoas. Trata-se de uma situação comumente vivenciada por professores, em sua busca de manter o aluno atuante e interessado em executar as ações que são necessárias para que ele possa se apropriar dos conhecimentos que a escola tem para lhe ensinar. Talvez, mesmo, essa seja uma das maiores inquietações e angústias vivenciadas por aqueles que têm por objetivo ensinar algo a alguém, e que têm a expectativa de que o conhecimento não fique restrito ao momento nem que sirva apenas para cumprir uma demanda pontual. Se indagados, certamente a grande maioria dos professores diria que gostaria de ver seus alunos instigados pelo conhecimento, interessados em avançar, em ir além do proposto e revelar prazer por aquilo que aprendeu. Contudo, se questionados sobre como percebem o interesse de seus alunos pela escola e pelos conhecimentos, também a grande maioria revelará que o desinteresse, o descaso, o imediatismo e a falta de iniciativa se colocam de maneira cada vez mais forte e presente nos estudantes.

Então, a pergunta que se coloca é: O que o professor e a escola, como instituição, podem fazer para mudar essa situação que esmaga os ânimos, a iniciativa e o desejo pelo exercício profissional do magistério? O que as teorias motivacionais têm a dizer e a propor para ajudar nessa questão? Neste texto, buscar-se-á uma reflexão sobre esses aspectos, tomando como referência os princípios norteadores da teoria da autodeterminação proposta por Deci e Ryan (1985).

Como ponto de partida, é necessário circunscrever o termo *autodeterminação*, muitas vezes confundido ou usado como sinônimo de outros tantos presentes nas teorias psicológicas, e mais especificamente nas que tratam da motivação. Deci et al. (1991), ao se acercarem da temática das relações entre motivação e educação, procuraram delinear as diferenças entre as ações autodeterminadas e as ações controladas, apontando para o fato de que, por serem reguladas por processos diferentes, interferem de forma qualitativamente diferente na experiência e no comportamento dos indivíduos. De acordo com eles, ações motivadas por autodeterminação são desencadeadas puramente pela vontade e reforçam um sentimento próprio de "eu", enquanto ações motivadas por controle geralmente são desencadeadas por forças interpessoais ou intrapsíquicas. Afirmam ainda os autores que, no comportamento autodeterminado, o processo regulatório é a escolha; já no comportamento controlado, o processo regulatório é a concordância, a conformidade e, em alguns casos, a repulsa, o desprezo e a desobediência.

Palenzuela (1987), ao se aproximar dessa temática, defende que a autodeterminação implica autonomia, volição, eleição e agência pessoal. Para Bandura (2001), a agência pessoal refere-se à capacidade do indivíduo de interferir de modo intencional no próprio funcionamento e nas circunstâncias de vida. Pode-se dizer, portanto, que ser agente significa ser auto-organizado, proativo, autorregulado e autorreflexivo, alterando assim o percurso da própria vida, e não apenas um produto de condições preestabelecidas. Conforme definido por Palenzuela (1987), a autodeterminação pode ser conceituada como uma "necessidade de", ou seja, ela se refere a uma regulação da conduta por iniciativa e vontade próprias.

A teoria da autodeterminação e as necessidades humanas

Ao propor uma teoria motivacional, pode-se dizer que o que se estabelece como fundamental é saber o que energiza um comportamento, ou por que certos resultados são desejados. Para responder a essas questões, o ponto de partida da teoria da autodeterminação foi pensar o comportamento e a personalidade a partir da análise de necessidades psicológicas básicas, consideradas como inerentes ao ser humano, em contraposição ao pressuposto teórico de que o comportamento seria guiado fundamentalmente pela satisfação de necessidades fisiológicas.

Compreender o que significam essas três necessidades é essencial para entender a posição defendida por esta teoria ao tratar da motivação. A autonomia (ou autodeterminação) está vinculada ao desejo de se autogovernar, de organizar a própria experiência e o comportamento e integrá-los ao seu "eu". A competência envolve a compreensão e a realização eficaz de ações necessárias para alcançar resultados externos e internos, ou seja, a capacidade do organismo de interagir satisfatoriamente com o seu meio, o que favoreceria o desenvolvimento e aprendizagens mais eficazes. Por sua vez, a necessidade de pertencer ou estabelecer vínculos se refere ao estabelecimento de conexões seguras e satisfatórias com os outros e com o meio social. Está ligada ao fato de o ser humano apresentar uma tendência a estabelecer vínculos emocionais e buscar uma base segura, os quais são considerados elementos primordiais para proporcionar uma atividade exploratória por parte dos indivíduos (Deci et al., 1991).

Huertas (2006) sublinha que o que organiza e determina um comportamento voluntário, característica básica dos comportamentos identificados como motivados, é a necessidade de experimentar o sentimento de autonomia e competência. Da mesma maneira é importante ressaltar que o fortalecimento dessas características facilita a melhor integração do ser humano, contribuindo para comportamentos mais adaptados e integrados ao seu contexto. Como a base das relações humanas se dá num contexto social, é também importante observar que se sentir como membro desse contexto, aceito e reconhecido por seus pares, é de fundamental importância. Assim definidas, as duas orientações motivacionais foram durante muito tempo vistas como antagônicas. A teoria da autodeterminação deu um passo decisivo para romper com esse antagonismo, uma vez que defende a coexistência das duas orientações motivacionais.

A motivação na perspectiva da teoria da autodeterminação

Para tratar da motivação na perspectiva da teoria da autodeterminação, primeiramente é preciso distinguir entre dois termos básicos relativos a esse constructo e que, embora possam fazer parte do conhecimento informal, guardam uma complexidade nem sempre explicitada. Nesta abordagem teórica, podem-se distinguir dois tipos básicos de motivação: uma denominada intrínseca e outra extrínseca.

A motivação intrínseca tem sido considerada uma tendência inerente do ser humano para buscar novidades e desafios, ampliar e exercitar suas capacidades, explorar e aprender (Ryan e Deci, 2000). Por sua vez, a motivação extrínseca tem sido associada a condutas ou comportamentos desencadeados com o propósito de obter um resultado independente da atividade fim, ou seja, a execução de uma atividade tem como objetivo alcançar algum ganho ou alguma recompensa que não guarda relações com a atividade realizada.

Assim definidas, as duas orientações motivacionais foram durante muito tempo vistas como antagônicas. A teoria da autodeterminação deu um passo decisivo para romper com essa ideia, isto é, a coexistência das duas orientações motivacionais. Dessa maneira, na perspectiva da autodeterminação (Deci e Ryan, 1985) a motivação intrínseca e a extrínseca fazem parte de um mesmo *continuum* em que é possível identificar, em um dos extremos, condutas que podem ser consideradas com ausência total de motivação e, no outro, condutas classificadas como motivadas intrinsecamente. Entre os dois extremos são identificados quatro níveis de motivação extrínseca que podem ser diferenciados pelo tipo de regulação que se encontra presente na determinação do comportamento (Ryan e Deci, 2000). Esses diferentes tipos de regulação serão fundamentais e determinantes no comportamento e, nesse sentido, considera-se que o comportamento autorregulado (conduta por iniciativa e vontade própria) pode estar presente tanto na motivação intrínseca quanto na extrínseca, e neste último caso pode-se encontrar uma variação no seu grau de autonomia. O último degrau da motivação extrínseca, em que ela seria regulada por internalizações integradas, diz respeito a condutas que são iniciadas por vontade própria e são eleitas por fazer parte de uma sequência de metas autosselecionadas, sendo por isso consideradas manifestação de orientação por autonomia.

A motivação e a educação

Os pressupostos teóricos apresentados anteriormente servem de base para que se possa entender a perspectiva desta teoria motivacional e, a partir dela, propor e pensar sobre a educação. Ao analisar a escola e os conteúdos por ela abordados, é possível, sem grandes esforços, perceber que a grande maioria das atividades propostas não é intrinsecamente motivadora, ou seja, não possui um atrativo natural que permita aos estudantes realizar o que lhes é proposto com interesse e entusiasmo. Pode-se dizer, na verdade, e com bastante segurança, que grande parte das coisas que os alunos devem fazer na escola não seria realizada, de forma espontânea, pela grande maioria deles. Dessa maneira, pode-se inferir que a realização dessas atividades é, em boa parte, decorrente de motivos eliciados de forma extrínseca.

Resta-nos, por conseguinte, questionar como se pode chegar ou passar da motivação regulada puramente de forma extrínseca para a regulada de forma integrada, que seria a forma de motivação extrínseca que mais se aproxima da motivação intrínseca, sendo considerada a forma mais positiva de motivação. Ryan e Deci (2000) apontam para alguns elementos que parecem ser essenciais e já foram explicitados no decorrer deste texto. Reportam-se, para essa análise, às necessidades psicológicas básicas (a autonomia, o sentimento de competência e de pertencimento), que, segundo eles, são inatas e, portanto, fazem parte de nossa herança genética, constituindo-se a base para um relacionamento efetivo e saudável do ser humano com seu meio ambiente. Os autores, em seus argumentos, postulam que o fortalecimento da motivação intrínseca e a passagem para formas mais autorreguladas de motivação extrínseca podem ser atingidos à medida que os indivíduos veem fortalecidas essas características. Afirmam ainda que a razão primária para que um indivíduo faça algo que não se apresenta como intrinsecamente motivador se deve ao fato de ser incitado, modelado ou valorizado por pessoas significantes com as quais se sinta ou gostaria de se sentir vinculado ou conectado, e sugerem que o sentimento de pertencimento ou conectividade com os outros é de importância central nos processos de internalização.

Dessa forma, pode-se inferir que, no ambiente escolar, os indivíduos que estabelecem vínculos mais seguros e estáveis com seus professores têm maiores probabilidades de desenvolver percepções mais positivas com relação à escola e de apresentar comportamentos mais autorregulados. De maneira geral, pode-se dizer então que ser capaz de desenvolver com eficácia atividades que são valorizadas por um contexto social reforça o comportamento de realização dessas atividades de forma voluntária. Do mesmo modo, é possível dizer que a internalização de motivadores extrínsecos pode ser favorecida pelo fortalecimento da percepção de competência. Sentir-se competente na escola implica ser capaz de apropriar-se dos conhecimentos que permitirão aos indivíduos instrumentalizar-se para viver em sociedade, mas também desenvolver-se de forma plena para pensar e atuar nesse contexto social.

Aponta-se ainda que experienciar autonomia também facilita a internalização e a regulação integrada, e considera-se que o contexto pode tanto favorecer como dificultar esse processo. Nesse sentido, destaca-se o papel do professor como um mediador entre o aluno e o conhecimento, podendo assumir a tarefa de criar um ambiente de aprendizagem que favoreça a autonomia e o envolvimento interpessoal, ao invés de criar um ambiente altamente controlador.

Contextos altamente controlados por recompensas externas ou por ameaças tendem a estimular nos indivíduos a execução de atividades ou a manifestação de comportamentos baseados no respeito unilateral, enquanto um ambiente em que as pessoas se sintam aceitas e respeitadas endossa a execução de atividades por fortalecer sentimentos de pertença e competência. Logo, postula-se que a competência possa ser favorecida com feedbacks positivos sobre o desempenho do aluno como uma forma de estabelecer, com ele, onde ele se encontra em relação àquele conteúdo e onde precisa chegar. Por sua vez, o sentimento de pertencimento pode ser favorecido quando há maior envolvimento parental no processo de escolarização dos estudantes, bem como melhor integração dos estudantes com seus pares.

Conforme apontado por Deci et al. (1991), faz-se necessário que a escola, de maneira geral, e os professores, de forma específica, a fim de dar um suporte específico à autodeterminação ou autonomia, propiciem aos estudantes oportunidades de escolhas, com minimização do controle pautado na ameaça, o reconhecimento dos sentimentos e a disponibilização da informação necessária para a tomada de decisão na realização da tarefa ou atividade solicitada.

Ainda é necessário indagar se é possível tratar da motivação do aluno sem esbarrar necessariamente na motivação do professor. Estar motivado para ensinar não envolve também se sentir autônomo no exercício dessa atividade, competente, aceito e reconhecido por seus pares, ou por aqueles que direta ou indiretamente são afetados por essa ação?

Embora essas questões não sejam o foco deste trabalho, acredita-se que elas possam ser analisadas impondo-se pelo menos dois olhares que, apesar de distintos, são interdependentes e complementares. Um deles refere-se à formação dos professores e o outro, às políticas educacionais. Ao tratar da formação do professor é importante pensar o quanto estes profissionais têm sido estimulados a exercer com autonomia a tarefa de ensinar. A prevalência de uma formação altamente específica e a fragilidade dos estágios, nessa área de formação, lançam o professor no mercado de trabalho com pouco preparo para atuar fundamentado em questões relativas ao desenvolvimento e à aprendizagem humana, às relações interpessoais, à dinâmica de sala de aula, entre outras. Ensinar é com certeza mais do que saber muito bem o conteúdo a ser ensinado, ainda que não prescinda desse saber. Por outro lado, é impossível não pensar também nas políticas educacionais que mudam constantemente suas propostas, sem dar voz aos professores que conduzem o dia a dia da sala de aula. Como estimular a autonomia, a competência e o pertencimento destes professores que são chamados constantemente a executar propostas e ações sem participar delas? É possível se sentir competente e estimulado a fazer algo que não se tenha apropriado adequadamente nem que se sinta apto a desenvolver?

Para concluir, considera-se importante reafirmar a posição de que a motivação do aluno está diretamente atrelada à motivação do professor para ensinar e, nesse sentido, pode-se dizer que se encontram no mesmo extremo de um *continuum*, que pode variar da total ausência de motivação, vivenciada pelos sentimentos de falta de valor, incompetência, falta de controle sobre as situações, até formas mais intrínsecas de motivação, caracterizadas pelo interesse, pelo prazer e pela satisfação, ou ainda formas mais integradas de motivação extrínseca, em que prevalecem os sentimentos de congruência, coerência e consciência na execução de suas tarefas.

Referências

BANDURA, A. Social cognitive theory: an agentic perspective. *Annual Review of Psychology*, Palo Alto, v. 52, p. 1-26, 2001.

DECI, E. L.; RYAN, R. M. *Intrinsic motivation and self-determination in human behavior*. New York: Plenum, 1985.

DECI, E. L. et al. Motivation and education: the self-determination perspective. *Educational Psychologist*, v. 26, p. 325-346, 1991.

HUERTAS, J. A. *Motivación*: querer aprender. 2. ed. Buenos Aires: Aique Grupo Editor, 2006.

PALENZUELA, D. L. Teoría y evaluación de la motivación intrínseca y la autodeterminación: hallazgos preliminares. *Evaluación Psicológica*, v. 3, n. 2, p. 233-264, 1987.

RYAN, R. M.; DECI, E. L. Self-determination theory and the facilitation of intrinsic motivation, social development, and well-being. *American Psychologist*, v. 55, n. 1, p. 68-78, 2000.

2

As diferenças significativas nos desenhos animados infantis: contribuições para a formação sob uma perspectiva inclusiva

Lineu Norio Kohatsu
Rinaldo Molina
Karen D. Magri Ferreira

Era uma vez...

Em contos de fadas e desenhos animados infantis, sempre se espera um final feliz. No entanto, observando mais detidamente, notamos que nem sempre isso ocorre, pelo menos para aquele que apresenta alguma diferença. E não se trata de uma diferença qualquer, mas de uma que não passa despercebida e provoca indignação em todos, pois não se aceita que alguém seja daquele modo. Não há nenhuma possibilidade de um final feliz se essa diferença for mantida. Assim, o personagem deve "corrigir-se", "normalizar-se", para poder conviver com os demais. Se, no entanto, nem com passe de mágica isso for possível, ele deverá escolher entre viver com aqueles que apresentam a mesma diferença, viver sozinho, se não encontrar ninguém igual a ele, ou até mesmo sair da história, para não estragar o final feliz. Moral da história: não há final feliz para os diferentes. E a qual personagem, de qual história, estamos nos referindo? A muitos personagens, em inúmeras histórias, sejam protagonistas ou meros coadjuvantes.

É assim que muitas histórias infantojuvenis têm ensinado às crianças sobre as diferenças, sobre a impossibilidade de convivência com aqueles que notadamente são diferentes ou que apresentam "diferenças significativas" (Amaral 1992, 1995, 1998b, 2001, 2002).

Além disso, o estudo dos desenhos animados torna-se necessário também pelo fato de estarem muito presentes na cultura infantil, determinando, assim, conscientemente ou não, a formação das crianças.

H. Giroux (1995) faz uma análise dos desenhos da Disney e mostra que esses produtos culturais, pretensamente inocentes, estimulam o consumismo, muito além da imaginação e da fantasia das crianças, e veiculam mensagens estereotipadas e preconceituosas sobre etnias e gênero.

Nesse sentido, a escola, como importante *locus* na formação social das crianças, tem obrigação de pensar essas questões, uma vez que essa instituição é hoje entendida como importante espaço de inclusão do diferente no mundo. Os professores implicados diretamente no processo de aprender e que muitas vezes utilizam o desenho animado em suas salas de aula devem superar a visão do senso comum de desenho simplesmente como entretenimento e mergulhar em suas entrelinhas, a fim de propiciar às crianças reflexões sobre o que é transmitido neles, apoiando mudanças sociais que tornem o mundo mais igualitário e melhor para todos.

Tomando por base o longa-metragem de desenho animado infantil *Como treinar o seu dragão* (Dreamworks, 2010), nossa intenção é explicitar, descrever e debater como as diferenças significativas são representadas nesse desenho animado e estão frequentemente associadas à manutenção e à reprodução de estereótipos, preconceitos e estigmas, fortalecendo manifestações de discriminação e segregação, além de revelar a importância da reflexão sobre o uso desses desenhos na ação didático-pedagógica dos professores com vistas à construção de uma sociedade mais tolerante com as diferenças.

Para isso, o capítulo foi dividido em três partes principais. Na primeira, "Dando nome aos bois: as diferenças significativas e seus desdobramentos"–, discutimos o conceito de diferença significativa e a produção social do cinema. Na segunda parte, "Um mergulho nas entrelinhas: o desenho animado *Como treinar o seu dragão*" – apresentamos uma análise mais detalhada desse longa-metragem de desenho animado infantil. Na última parte, "Entrando nas escolas: formação de professores, desenhos animados e diferenças significativas" traçamos algumas considerações sobre a importância de, na formação de professores, refletir sobre a visão que o desenho animado transmite a respeito das diferenças e sobre a visão desses profissionais acerca dos desenhos animados e da deficiência, assim como, na prática dos professores, sobre a utilização desses desenhos em sala de aula. Para encerrar, indicamos algumas estratégias de enfrentamento da problemática na formação de professores nessa área.

"Dando nome aos bois": as diferenças significativas e seus desdobramentos

Lígia Amaral é reconhecida academicamente como importante pesquisadora da questão da deficiência, além de ter sido professora do Instituto de Psicologia da Universidade de São Paulo, orientadora da pós-graduação, psicóloga, militante, entre outras atuações. Todavia, seríamos injustos se não reconhecêssemos sua excelência como contadora de histórias, talento esse que identificamos inclusive em suas obras acadêmicas, como sua dissertação de mestrado e suas teses de doutorado e de livre-docência. Na dissertação de mestrado, intitulada *Resgatando o passado: deficiência como figura e vida como fundo* (Amaral, 2004), a autora retoma momentos de sua vida para discutir e problematizar a deficiência não apenas como pesquisadora, mas também como pessoa que contraiu pólio na infância e conviveu com as sequelas e as consequências sociais da doença. São várias histórias de diferentes períodos de sua vida, como infância, juventude, fase adulta, coloridas com diversos matizes, ora alegres e engraçados, ora tristes, ora revoltantes.Há relatos de experiências de acolhimento, de incompreensão, de inclusão e segregação, de superação e revolta. Para os professores, é imprescindível a leitura do capítulo Café com leite, em que ela relata como foi "incluída" nas atividades por sua professora de educação física. Uma bela história de acolhimento e de aceitação ativa da diferença.

Em *Deficiência, vida e arte* (Amaral, 1998), tese de livre-docência de Lígia Amaral, ela desenvolve um diálogo imaginário entre Anita Malfatti[1] e Frida Kahlo,[2] juntando-se a elas ao final. Apenas para lembrar, ambas eram pintoras e pessoas com deficiência, e, por fim, se insere na conversa.

E em seu livro intitulado *Conhecendo a deficiência: em companhia de Hércules* (Amaral, 1995), a autora, com base nos doze trabalhos realizados pelo herói, discute questões importantes associadas à deficiência, como os conceitos de normalidade, desvio, desvantagem, aceitação ativa, integração, e também os aspectos psicológicos, como atitudes, preconceitos, mecanismos de defesa, luto, entre outros.

---

[1] Anita Malfatti (São Paulo, 2/dez./1907-1954), importante artista plástica (pintora e desenhista) brasileira, participou da Semana de Arte Moderna, de 1922.
[2] Magdalena Carmen Frieda Kahlo y Calderón (Coyacán, 6 de julho de 1907– Coyacán, 13 de julho de 1954) é uma pintora mexicana que se destacou ao defender o resgate à cultura dos astecas como forma de oposição ao sistema imperialista cultural europeu.

O conceito de diferença significativa, discutido em vários de seus trabalhos (Amaral, 1992, 1995, 1998, 2001a, 2001b, 2002), é explicado da seguinte forma: "Estou aqui chamando de diferença, e mais especificamente de diferença significativa, a condição que coloca o ser humano no desvio, na anormalidade" (Amaral, 2001, p.135). Nesses diversos trabalhos, ela aponta os critérios ou parâmetros que definem o desvio e a normalidade, como o estatístico, o estrutural/funcional e o ideológico.

O critério estatístico pode ser compreendido como aquele que se refere à média ou à moda. Quanto à média, tomemos como exemplo a altura do homem brasileiro; tendo sua altura média sido definida como x, aqueles que se afastarem desse valor, tanto para cima quanto para baixo, serão considerados desviantes ou anormais. Já no caso da moda, que corresponde a um máximo de frequência em uma curva de distribuição, a autora apresenta, como exemplo, a docência no ensino fundamental com a presença dominante de mulheres; assim, homens que exercem a profissão podem ser considerados diferentes, desviantes e anormais.

O segundo critério, estrutural/funcional, refere-se à integridade da forma e à funcionalidade em relação tanto a seres humanos, quanto a objetos. No caso de seres humanos, alterações na anatomia que afetam sua integridade, como ausência de um dos membros, ou a disfuncionalidade de alguma parte ou órgão, como a visão ou a audição, por exemplo, caracterizarão a pessoa como diferente, desviante, anormal e com deficiência. É óbvio que o acesso a equipamentos ou recursos, assim como as condições do meio, com maior ou menor restrição de acesso, existência ou não de barreiras que dificultem ou impeçam a mobilidade, podem maximizar ou minimizar as possibilidades de determinada pessoa adaptar-se e viver plenamente. Ou seja, do ponto de vista da capacidade e da funcionalidade, uma pessoa com paraplegia, por exemplo, poderá ser considerada menos incapaz e mais independente e autônoma se o ambiente em que vive apresentar adaptações que possibilitem sua locomoção e acesso, como rampas, elevadores, corrimãos, ambientes – incluindo banheiros – com portas com largura padronizada para cadeiras de rodas, ausência de obstáculos em corredores e salas, móveis e equipamentos adequados etc.

O terceiro critério, que merece maior atenção, "corresponde à comparação entre determinada pessoa ou determinado grupo e o 'tipo ideal' construído e sedimentado pelo grupo dominante" (Amaral, 1998b, p. 14). Na atualidade, pode-se afirmar que o tipo ideal é identificado como "jovem, do sexo masculino, branco, cristão, heterossexual, física e mentalmente perfeito, belo e produtivo" (Amaral, 1998b, p. 14). Desse modo, consciente ou inconscientemente, as pessoas buscam se aproximar desse tipo ideal, pois o afastamento pode caracterizá-las como desviantes ou anormais, levando-as, assim, a sofrer as consequências dessa caracterização, como a discriminação e a segregação decorrentes do preconceito e do estigma, tal como ocorre com velhos, crianças, mulheres, negros, índios, judeus, muçulmanos, homossexuais, deficientes, desempregados, imigrantes etc.

Amaral, corajosamente, afirma que a normalidade e a anormalidade existem – e sem aspas! –, e não se deve negar os termos, mas rever a conotação pejorativa das palavras e problematizar os critérios que definem o desvio.

A patologização do desvio, conforme Gilberto Velho (1989), citado pela autora, tem levado à crescente medicalização da vida, na escola, no trabalho, nas relações pessoais e afetivas. Ou seja, nos dias atuais, o que está fora da norma deve ser considerado doença e, como tal, tratado e medicalizada.

Assim, segundo a autora, se não houver a problematização dos critérios, correremos o risco de apenas substituir uma palavra por outra: não mais cretino, imbecil, idiota, retardado, mongoloide, aleijado, excepcional, mas especial, lesado, portador, usuário, vulnerável, incluído, cotista ou outros termos que virão e que continuarão a ser carregados pejorativamente.

Afirmar que todos são iguais ou que todos são diferentes é negar a existência das diferenças, ainda que estas sejam evidentes. É fazer a "política do avestruz" e não querer reconhecer que há uma distância enorme entre usar óculos e ser cego, ter "pés chatos" e ser paraplégico, conforme salienta Amaral. Concordamos que todos somos diferentes e que as diferenças proporcionam nossa singularidade. Contudo, ao se referir à diferença significativa, Amaral não se refere à diferença esperada, mas àquela que nunca passa despercebida, por não corresponder à expectativa do que estabelecemos como normal. A deficiência como expressão do desvio não passa em "brancas nuvens":

> [...] A deficiência jamais passa em "brancas nuvens", muito pelo contrário: ameaça, desorganiza, mobiliza. Representa aquilo que foge ao esperado, ao simétrico, ao belo, ao eficiente, ao perfeito [...], e, assim como quase tudo que se refere à diferença, provoca a hegemonia do emocional. [...] essas emoções, sejam conscientes ou inconscientes, admitidas ou inconfessas, perpassam muito intensamente as relações estabelecidas (ou a estabelecer) entre as pessoas não deficientes e as portadoras de deficiência. Medo, cólera, desgosto, atração, repugnância – juntas ou isoladamente, fortes ou moderadas – são possibilidades reais e frequentes. [...] essa hegemonia desorganizadora do emocional, como aqui entendida, "cede o passo" a uma convivência não atípica (ou qualquer nome que se queira dar) depois de superadas as fases iniciais de impacto e descompensação psíquica. (Amaral, 1995, p. 112)

E podemos afirmar o mesmo para as outras diferenças relacionadas a gênero, raça/etnia, condição social, religião etc. Dante Moreira Leite, ao iniciar a discussão do caráter nacional brasileiro, escreve:

> Parece possível distinguir duas tendências fundamentais na reação ao grupo estranho: uma de admiração e aceitação, outra de desprezo e recusa.
> [...] o estrangeiro provoca a nossa desconfiança, às vezes o nosso medo. Nem sempre entendemos os seus gestos e certamente não compreendemos a sua língua. Ele não se veste como nós, a sua fisionomia pode ser diferente da nossa e não adora nossos deuses.
> [...] Ainda quando atraente, o estranho provoca uma reação de medo mais ou menos intensa; outras vezes, essa reação é de asco ou repugnância, mais ou menos frequente diante de alimentos exóticos. (Leite, 2002, p. 18)

Em outro trecho, Leite observa um aspecto interessante em relação à reação ao estranho:

> Além disso, ao grupo estranho atribuem-se, além das características negativas, alguns traços sobre-humanos ou fantásticos: embora sofra preconceito, o estranho é muitas vezes descrito como possuidor de alguma força extraordinária, uma habilidade acima do comum.[3] Se aceitamos a ideia freudiana da ambivalência fundamental dos sentimentos, isto é, o amor sempre contém um elemento de ódio, e vice-versa, essa observação não parecerá surpreendente. (Leite, 2002, p. 19)

Amaral observa que reconhecer a diferença significativa do outro causa incômodo, mal-estar, tensão e ansiedade e, consequentemente, mobiliza mecanismos psicológicos de defesa,[4] que podem ser entendidos como "estratégias utilizadas pela pessoa para manutenção do equilíbrio intrapsíquico, através da eliminação de uma fonte de insegurança, perigo, tensão ou ansiedade" (Amaral, 1995, p. 114).

---

[3] É interessante notar que, no caso das pessoas com deficiência, Amaral também observa reações ambivalentes semelhantes. Por um lado, a pessoa com deficiência causa pena e dó; por outro, é vista como super-humana pela capacidade de superação. Como será apresentado adiante, a observação dessas reações permite compreender os estereótipos de vítima, vilão e herói comumente atribuídos a pessoas com deficiência.

[4] A autora refere-se ao conceito psicanalítico, tendo como base Sigmund Freud, Anna Freud, Otto Fenichel e José Bleger. Ver Amaral (1995), especialmente o capítulo 7: O Touro de Creta – mecanismos psicológicos de defesa frente à deficiência: atitude, preconceito, estereótipo, estigma.

Diante de uma situação de ameaça, Amaral recorda que o medo gera uma necessidade de defesa que pode ser de duas formas: ataque ou fuga. A primeira forma, o ataque, é aquela em que se busca eliminar a fonte da ameaça atacando-a. Como exemplo, podemos citar a reação dos nazistas em relação às minorias, que eram levadas aos campos de concentração para ser eliminadas. Embora esse período histórico já tenha passado, temos de estar atentos, pois as causas que levam à barbárie não foram totalmente superadas, haja vista as ideias de eugenia ainda presentes entre nós. A segunda forma, a fuga, é expressa pela rejeição, que pode ser manifestada na forma de abandono, superproteção e negação. O abandono, além da forma explícita e literal, pode ocorrer de modo implícito como um não investimento de amor, dedicação, tempo e atenção. A superproteção pode ser entendida como expressão da formação reativa,[5] ou seja, quando o afeto se transforma em seu contrário.

Assim, a superproteção, como manifestação do amor em excesso, pode estar ocultando o sentimento contrário, que não pode ser assumido. Por fim, a negação, como mecanismo psicológico de defesa do ego, também é considerada uma maneira de fugir ao enfrentamento. Amaral aponta que a negação pode se manifestar na forma de compensação, simulação e atenuação. Os exemplos apresentados pela autora são precisos e merecem ser apresentados, pois frequentemente são ouvidos no cotidiano. Compensação: "É paralítico, mas tão inteligente"; simulação: "É cego, mas é como se não fosse"; atenuação: "Poderia ser pior", "Não é tão grave assim" (Amaral, 1998b, p. 20).

Além das reações psicológicas perante o encontro com a diferença significativa, Amaral também discute outros fenômenos que vão além da esfera individual, como o preconceito, o estereótipo e o estigma, que são manifestações expressas pelos indivíduos, embora profundamente relacionadas com a cultura e a sociedade.

Com base nas teorias que compõem a psicologia social, Amaral procura mostrar que as atitudes favoráveis ou desfavoráveis formam as bases do preconceito. Conforme a autora, "atitude refere-se, portanto, a uma disposição psíquica ou afetiva em relação a determinado alvo: pessoa, grupo ou fenômeno. Sendo anterior ao comportamento ela é apenas inferível" (Amaral, 1995, p. 119).

---

[5] Conforme Laplanche e Pontalis (1986): Atitude ou hábito de sentido oposto a um desejo recalcado e constituído em reação contra ele (o pudor a opor-se a tendências exibicionistas, por exemplo).

O preconceito,[6] por sua vez, pode ser definido como "configurações psíquicas consteladas de forma independente de experiências diretas" (Amaral, 2002, p. 238). Já o estereótipo é a "concretização/personificação do preconceito. Cria-se um 'tipo' fixo e imutável que caracterizará o objeto em questão – seja ele uma pessoa, um grupo ou um fenômeno" (Amaral, 1998b, p. 18).

O estereótipo impede que determinadas pessoas ou grupos sejam reconhecidos por características outras, que não o traço que os identifica. Basta recordar como são apresentados negros, nordestinos, homossexuais, judeus, pobres etc. Apenas a título de ilustração, ressaltemos que, com frequência, pessoas cegas são vistas como musicalmente talentosas e crianças com Síndrome de Down, como meigas e dóceis.

Como observou ainda a autora, os estereótipos funcionam como biombos, dificultando a percepção dos objetos, que são reduzidos a representações empobrecidas, generalizações, e/ou reduções indevidas, que dificultam ou impedem a experiência e o enriquecimento subjetivo dos sujeitos.

Já o estigma é como uma marca, um sinal, uma característica ou um atributo de valência negativa sendo assim, o reconhecimento de um estigma sempre implica o descrédito da pessoa que o porta. Nesse sentido, estigmatizar é desacreditar (cf. Goffman, 1988), depreciar, comprometendo a identidade social do indivíduo, dificultando a sua socialização e resultando na sua discriminação e segregação. Amaral observa que o estereótipo, quando negativo, pode levar ao estigma e, simultaneamente, o estigma pode criar o estereótipo do estigmatizado.

Como se pode ver, o encontro com a diferença pode proporcionar reações inesperadas em um primeiro momento. A partir daí, dependendo das condições e das disposições individuais e sociais, esse primeiro momento de estranhamento e de espanto pode resultar atitudes defensivas ou manifestações de preconceito, que impedem o contato, ou pode se mostrar como oportunidade de crescimento, se superadas essas dificuldades, gerando uma aceitação ativa (Amaral, 1995; 1992). É importante lembrar que, para Dante Moreira Leite, o contato com o estranho também pode provocar admiração, curiosidade e aceitação. Assim, o primeiro passo talvez seja o de não negar a existência da diferença, e sim reconhecê-la, por mais difícil que isso possa ser no primeiro momento. Se for superada essa fase e enfrentada a tendência de adjetivações positivas ou negativas, que apenas reforçam estereóti-

---

[6] Os estudos feitos por Crochík sobre o preconceito também têm sido de fundamental importância para promover reflexões sobre a educação inclusiva.

pos e preconceitos, abrir-se-á um caminho para uma infinidade de possibilidades que podem ser descobertas e vividas no encontro entre os diferentes.

A diferença significativa na literatura infantojuvenil

Espelho convexo: o corpo desviante no imaginário coletivo pela voz da Literatura Infantojuvenil é o título da tese de doutorado de Lígia Amaral, defendida no Instituto de Psicologia da Universidade de São Paulo, em 1992.

Nessa tese a autora apresenta discussões conceituais sobre o corpo, suas imagens e representações ao longo da história; o corpo apropriado, o desapropriado, o despido, o desnudado por diferentes áreas do conhecimento, e o visto como máquina, organismo, objeto, instrumento, fetiche e mercadoria. E apresenta também a discussão sobre o corpo desviante, a atratividade, a repulsividade e a monstruosidade associadas a ele, corpo desviante transitando entre a normalidade e a patologia; a deficiência e suas dimensões, como os aspectos psicossociais; as reações emocionais e os mecanismos de defesa, atitudes, preconceitos, estereótipos e estigmas relacionados à leitura social do corpo desviante. Encerrando a fundamentação teórica, ela apresenta a discussão sobre a literatura, a literatura infantojuvenil e a diferença.

Para desenvolver seu trabalho empírico, a autora parte da seguinte hipótese: "Há na Literatura Infantojuvenil – inscritos nesse universo imaginário de forma explícita ou implícita – elementos que constituem representações do corpo desviante, geradoras ou propiciadoras de cristalizações de estereótipos" (Amaral, 1992, p. 181).

E a partir desta, a autora desenvolve mais três hipóteses:

a. Essas representações podem denunciar ATITUDES frente à diferença corporal.
b. Essas representações podem caracterizar PRECONCEITOS frente à diferença corporal.
c. Essas representações podem criar, fortalecer e perpetuar DINÂMICAS DE OPOSIÇÃO MANIQUEÍSTA do tipo: vítima-vilão, bem-mal, bom-mau, atividade-passividade diante da diferença corporal (Amaral, 1992, p. 181).

Amaral iniciou sua pesquisa com um levantamento da produção literária brasileira destinada ao público infantojuvenil que incluísse o ser (homem ou animal) desviante – desvio este em diversas acepções leigas e/ou populares: o cego, o surdo, o retardado, o aleijado, o coxo, o corcunda, o anão, o doente, o bobo... Em virtude do volume de material encontrado, a pesquisadora estabeleceu alguns critérios para definir o universo de conteúdo relevante, excluindo obras relacionadas ao folclore e aos contos populares e, posteriormente, excluindo também outras deficiências (visual, auditiva, mental), centrando-se apenas na diferença corporal. Desse modo, de um levantamento inicial de 154 livros, ela conseguiu eleger os 47 títulos que formariam o *corpus* da sua pesquisa.

Conforme foi ajustando o foco sobre seu material, ela foi também revisando e aprimorando a sua pergunta em vários momentos do trabalho, até chegar àquela que corresponderia mais precisamente ao que pretendia pesquisar: "De que forma, ou formas, está sendo inscrito o corpo desviante no imaginário coletivo?". E, ajustando mais ainda o foco para:

> [...] de que forma, ou formas, está esse corpo sendo inscrito no universo da Arte? Dentro desse universo: na Literatura? E ainda dentro deste: na Literatura Infantojuvenil? No interior deste: na Literatura Infantojuvenil brasileira? E mais: nos tempos de hoje? (Amaral, 1992, p. 120)

Realizada a escolha do material relevante, a autora elaborou quadros, questões e procedimentos para a análise do material com tal rigor e detalhamento, que optamos aqui por não apresentá-los, mantendo uma apresentação mais resumida da sua tese. Destacamos, no entanto, alguns aspectos analisados por ela.

Amaral agrupa as histórias a partir de três vertentes – etiologia, *status* da personagem e desfecho –, girando em torno de três grandes eixos: histórias altamente preconceituosas, histórias denunciadoras de preconceitos e histórias "livres" de preconceito.

Como um dos exemplos de "histórias altamente preconceituosas" apontados pela pesquisadora, escolhemos *O grilo perneta*, de Roque Jacintho (1978). O personagem Tinhoso era um grilo muito sapeca, que costumava desgarrar-se dos irmãos. Certo dia cai em uma lagoa e encontra seu fim. Tempos depois renasce na mesma família, mas dessa vez, perneta. Triste, ele se pergunta: "Que fiz de mal para nascer assim?!". E a mãe lhe explicando que tivera outro filho, muito terrível e indisciplinado, e talvez tenha sido ele mesmo em outra encarnação. E fala para o filho: "Quem usa mal as pernas um dia nasce sem elas". O personagem é aceito e passa a conviver com os outros, mas, sempre que pensa em se queixar por ser perneta, lembra-se da lagoa e de que é o culpado pelo seu defeito.

A história mostra que a *origem da deficiência* do personagem é decorrente das ações realizada por ele próprio, sendo assim responsabilizado pelas condições que apresenta, o que poderíamos denominar como "culpabilização da vítima". O personagem é caracterizado como coitadinho, infeliz, sapeca, arteiro, terrível, indis-

ciplinado, pobrezinho e culpado. Embora preconceituosa, a história apresenta um desfecho que permite uma "aceitação ativa" do personagem pelos outros.

Em relação às "histórias denunciadoras de preconceito", a pesquisadora aponta *Uma joaninha diferente* (Melo, 1989). Trata-se da história de uma joaninha que nasceu sem bolinhas pretas e, por isso, era discriminada. Certo dia, quando estava para ser expulsa, por não ser considerada uma joaninha, ela teve uma ideia. Conversou com o besouro preto e foram à casa do pássaro pintor, que pintou bolinhas no besouro, que assim ficou parecendo com uma joaninha. Depois, os dois foram para junto das demais joaninhas, sendo o besouro muito bem recebido. A joaninha sem bolinhas pediu atenção, limpou a pintura do besouro e perguntou: "Quem é a verdadeira joaninha?".

Segundo a autora, nessa história há denúncia de preconceito em relação à personagem, mas não há inferência de correlações baseadas em preconceitos para a etiologia da diferença – no caso, a alteração corporal da joaninha. O desfecho também se mostra despido de preconceito, caracterizando a aceitação ativa do personagem diferente.

No terceiro eixo, "histórias 'livres de preconceito'", a pesquisadora aponta a história *Dumonzito, um avião diferente* (Orthof, 1986), na qual um avião que tinha medo de voar se transformou em um bondinho. Nela, a diferença existe, mas não há elucubrações sobre a gênese da diferença, e o desfecho inclui interação e solidariedade.

Algumas considerações postas na parte final do trabalho de Amaral merecem ser citadas. Primeiramente, que as obras literárias, como todas as produções humanas, trazem a marca de seu criador, de seu grupo de referência e de sua cultura; logo, são fontes ricas para o conhecimento das atitudes que circundam a questão da diferença e/ou deficiência.

As linhas mestras propostas pela pesquisadora para a detecção de preconceitos e estereótipos (etiologia, *status* e desfecho) certamente podem subsidiar o trabalho de outros pesquisadores e também o de pais, educadores e alunos, possibilitando leitura e apropriação críticas dos produtos culturais. A propósito, vale destacar que a própria autora escreveu outros trabalhos nessa perspectiva, abordando a literatura adulta (Amaral, 2001) e discutindo a presença de preconceitos e estereótipos em filmes, como a análise que fez do filme *O oitavo dia*[7] (Amaral, 2001b).

Como desdobramento, pensamos também que um trabalho como este, voltado para a análise de desenhos animados infantis, seria muito interessante. Quem poderia imaginar, por exemplo, a presença de preconceitos e estereótipos em desenhos clássicos como *Pinóquio*; *A Bela e a Fera*; *O corcunda de Notre Dame*; *Dumbo*; *Ariel, A pequena sereia*, entre tantos outros (Kohatsu; Molina; Ferreira, 2013)? Como a origem da diferença é explicada, qual é o *status* do personagem, qual é o desfecho de cada uma dessas histórias?

---

[7] Título *Le Huitième Jour*. Direção de Jaco van Dormael. Bélgica, 1996.

Da literatura ao desenho animado

A produção do desenho animado seguiu praticamente *pari passu* a invenção do cinema. Em 1908, o francês Émile Cohl exibia *Fantasmagorie*, o primeiro desenho animado da história – um curta de pouco mais de um minuto, mas que já apresentava as principais características do que viria a ser o desenho animado: traços simples e caricaturizados e humor *nonsense*. Em 1917, era exibido na televisão o *Gato Felix*, criação de Pat Sullivan; dez anos depois, Ub Irwes e W. Disney lançavam *Mickey* (1927). E assim, já apropriados pela indústria cultural, outros desenhos se seguiram: *Betty Boop* (1930), de Dave e Max Fleischer; *Popeye* (1933), personagem criado por E. C. Segar e lançado para o cinema pelos irmãos Fleischer; o *Pato Donald* (1934), de Tex Avery/W. Disney; *Patolino* (1937), criado também por Tex Avery, mas trabalhando para W. Bros. Entre 1937 e 1938, é produzido *Branca de Neve*, o primeiro longa-metragem de animação pelos estúdios Disney, baseado no conto dos irmãos Grimm. É interessante notar que, diferentemente dos demais desenhos animados, os personagens não são estilizados, mas muito semelhantes à figura humana, inclusive seus movimentos.

A partir da década de 1940, houve um grande crescimento da indústria da animação, com o surgimento de grandes estúdios, alguns dissidentes da Disney. Muitos personagens foram sendo criados e difundidos, inclusive com a ajuda da televisão: *Mr. Magoo; Bip Bip* e o *Coiote* e os desenhos de Hanna e Barbera, como *Tom e Jerry* e os *Flintstones*, exibidos na década de 1960.

Segundo Marinho (1982), o desenho animado tem suas origens na arte animada, nos quadrinhos e no cinema, e suas principais características são: traços caricaturais[8] (por exemplo, Mickey); a deformação das figuras (elasticidade/*strach* e achatamento/*squach*); o imaginário onipotente que beira o *nonsense* e o impossível plausível (transgressão das leis da física); a exploração do fantástico, do ridículo, do grotesco e do exagero, entre outras.

Embora a captação das imagens do desenho animado seja realizada diferentemente da do cinema convencional e não dependa da existência física do referente, tal como ocorre nos signos indiciários como a fotografia e o filme, a construção da narrativa visual dos desenhos explora os mesmos elementos da linguagem cinematográfica: planos (geral, conjunto, americano, médio, primeiro, *close*); ângu-

---

[8] Ver BLAIR, P. *Cartoon Animation*. Califórnia: Walter Foster Publishing, 1994.

los (*plongée*/*contra-plongée*);⁹ movimentos de câmera (*travelling*, *zoom*, panorâmica) e montagem.¹⁰

Os desenhos animados como indústria cultural

Um ensaio de fundamental importância para a compreensão do cinema é *A indústria cultural: o esclarecimento como mistificação das massas*, escrito por Max Horkheimer e Theodor Adorno (2002). Para os autores, o cinema e o rádio não têm necessidade de ser considerados arte. Segundo Horkheimer e Adorno (2002), o cinema e outros meios de comunicação de massa não escondem a verdade de que são negócios e se autodefinem como "indústrias". As obras de arte se diferenciam por sua autenticidade, já os produtos da indústria cultural são caracterizados por se revelarem sempre os mesmos, apesar de mecanicamente diferençados.

Os conteúdos disponibilizados pela indústria cultural são de fácil assimilação e pretendem atender às necessidades de todas as pessoas igualmente, massificando os conteúdos e aqueles que os adquirem. Nos produtos da indústria cultural, a crítica desaparece, a linguagem assume frieza e as pessoas se adaptam a uma vida desumana por meio da adesão aos valores perpetuados. O filme não permite mais que a fantasia individual crie dimensões em que se possa divagar sobre a obra sem perder o raciocínio, e, dessa forma, atrofia a imaginação do espectador, adestrando-o a pensar de forma coletiva (Horkheimer; Adorno, 2002).

Os valores transmitidos pela indústria cultural correspondem ao ideal do consumo, seja um modo de comportamento, seja um corpo estabelecido como ideal, seja um objeto material (Ferreira et al., 2009). Ao padronizar os sujeitos e suas necessidades, supõe-se que os ideais estabelecidos pelos donos da produção criam estereótipos com relação a quem tem uma diferença significativa, e então propõem soluções – massificadas – para que estes se adaptem à sociedade.

Os desenhos animados, como outras atrações da indústria cultural, ao ser considerados diversão, deixam de ser analisados criticamente (Giroux, 1995). As mensagens que passam, no entanto, são assimiladas de alguma maneira, mesmo que

---

⁹ Câmera alta e câmera baixa. Optamos pelos termos em francês por serem mais usuais.
¹⁰ D. W. Griffith foi o precursor da montagem cinematográfica (cf. Xavier, 2005), mas as experimentações vanguardistas do cinema soviético (Kulechov, Pudovkin, Eisenstein, Vertov) também trouxeram importantes contribuições para o desenvolvimento da montagem no cinema, conforme Xavier (1983).

inconscientemente. Horkheimer e Adorno (2002, p. 33) destacam que, nos desenhos animados, é anunciado desde o início o motivo da ação que justifica a destruição: "no meio dos aplausos do público, o protagonista é atirado por todas as partes como um trapo. Assim, a quantidade de divertimento converte-se na qualidade da crueldade organizada". Os autores ressaltam:

> Se os desenhos animados têm outro efeito além de habituar os sentidos a um novo ritmo, é o de martelar em todos os cérebros a antiga verdade de que o maltrato contínuo, o esfacelamento de toda resistência individual, é a condição da vida nesta sociedade. Pato Donald mostra nos desenhos animados como os infelizes são espancados na realidade, para que os espectadores se habituem com o procedimento. (Horkheimer; Adorno, 2002, p. 33)

As citações ressaltam como a violência é naturalizada nos desenhos animados por ser considerada diversão. As condições de vida da sociedade industrial são encaradas de forma habitual, por assistirem ao destino trágico dos protagonistas. O público infantojuvenil recebe uma mensagem evidente com relação aos que são espancados nos desenhos animados, restando a pergunta sobre como a diferença significativa é tratada por esse veículo, mais especificamente, a partir das técnicas de animação.

Um mergulho nas entrelinhas: o desenho animado *Como treinar o seu dragão*

Amaral (2001), ao propor a análise de obras da literatura, não deixa de reconhecer os perigos dos reducionismos, tanto da Sociologia quanto da Psicologia. Contudo, como vimos, ela não recusa a arriscada tarefa da interpretação. Inspirada por Vigotski,[11] a autora empenha-se na direção da crítica pelo leitor.

---

[11] Lev Semenovitch Vygotsky, importante cientista russo, foi pioneiro no conceito de que o desenvolvimento intelectual das crianças ocorre em função das interações sociais e das condições de vida. Esse autor tem influenciado muito a educação no Brasil. Em nosso país, tem sido citado como *Vigotski*, *Vygotski* ou *Vygotsky*. Nasceu na Bielo Rússia, em 17 de novembro de 1896, e faleceu em Moscou, em 11 de junho de 1934, com 37 anos de idade, de tuberculose. Tem cerca de vinte livros publicados, destacando-se: *Formação social da mente*. São Paulo: Martins Fontes, 1999, e *Pensamento e linguagem*. São Paulo: Martins Editora, 2008.

Neste trabalho, partindo das análises de obras da literatura feitas por Amaral, também estamos advertidos acerca dos cuidados necessários para a tarefa que propomos. Nesse sentido, não é nossa intenção vilipendiar os autores e/ou produtores das obras analisadas, mas apontar o que se encontra oculto, o que eventualmente escapou à crítica no momento de sua produção, em especial no que se refere à representação da diferença. Ao concordar com os autores referenciados, entendemos que as obras de arte e/ou produtos culturais, por se relacionarem de algum modo, ainda que não direta e explicitamente, com o contexto social em que foram produzidos, expressam tendências psicológicas das massas. Dessa maneira, entendemos que a análise da representação das diferenças nos desenhos animados infantis pode revelar, em alguma medida, o modo como essas diferenças ainda estão presentes no imaginário coletivo, conforme pontua Amaral.

Neste item analisaremos mais detidamente o longa-metragem *Como treinar o seu dragão* (Dreamworks, 2010).

Escolhemos esse filme pelo fato de a questão da diferença significativa perpassar toda a sua trama, pela repercussão midiática que teve entre as animações recentes e, principalmente, por apresentar temas novos em relação à diferença significativa, até então não observados nos desenhos analisados.

As categorias de análise são inspiradas na pesquisa de Amaral. São elas: características dos personagens, etiologia da diferença e atributos negativos ou incapacidades; virtudes ou superpoderes; grupo social; situações de humilhação; desfecho.

Breve sinopse

O filme *Como treinar o seu dragão* conta a história do menino Soluço, que vive em uma aldeia *viking* em guerra contra os dragões. Na comunidade, todos são fortes e habilidosos, com exceção de Soluço, que é fraco e muito desastrado. Bocão, ferreiro da comunidade, que apresenta duas deficiências (no braço e na perna), é o único que acredita no potencial do menino, mas, assim como os demais, espera que ele siga a tradição e se torne um guerreiro, devendo, portanto, negar seu modo de ser. Nem mesmo seu pai, Estoico, chefe da comunidade *viking*, acredita que Soluço seja capaz de caçar dragões.

Para ser reconhecido como guerreiro *viking* e ser incluído no grupo, Soluço tenta caçar Fúria da Noite, o dragão mais temido; contudo, diversos desastres sempre acontecem na comunidade, decorrentes de sua caçada, e todos fazem brincadeiras e gozações com Soluço.

Em um dos ataques dos dragões à aldeia, Soluço captura acidentalmente Fúria da Noite. Sem saber de seu êxito, caminhando a esmo pela floresta, o menino encontra sua presa. Soluço observa que o dragão está imobilizado pelas cordas e indefeso; então, tenta tirar o coração dele com uma faca, para provar sua valentia, mas falta-lhe coragem de matá-lo. Resolve, então, cortar as cordas, e, ao libertar o animal, este avança sobre o menino. O dragão o ameaça, mas, tal como Soluço, também desiste de qualquer ato violento e sai voando desastradamente. O garoto observa que há algo errado, e logo nota que o dragão não consegue voar porque tem parte de sua cauda mutilada. Soluço se sente responsabilizado pelo dano causado ao dragão e começa a alimentá-lo, apegando-se a ele e apelidando-o afetivamente de Banguela. Utilizando suas habilidades de aprendiz de ferreiro, Soluço desenvolve uma prótese para o dragão, e aos poucos surge uma relação de confiança mútua.

Em paralelo, os *vikings* saem em uma viagem para tentar encontrar o ninho dos dragões, e Bocão é o escolhido para ficar e treinar as crianças para serem guerreiras. Soluço, por seu jeito desastrado, é desprezado constantemente pelas outras crianças, mas a situação vai mudando à medida que ele passa a conhecer, no contato com Banguela, os hábitos dos dragões e a dominá-los durante os treinamentos. Quando Estoico regressa de sua frustrada busca pelo ninho dos dragões, é notificado por Bocão da incrível evolução de seu filho, e então o procura para tentar se redimir da descrença anteriormente manifestada.

Secretamente, Soluço continua tentando aperfeiçoar a prótese para reabilitar o dragão. E em um de seus voos com Banguela, e dessa vez com Astrid, sua colega *viking* que descobre seu segredo, o garoto vê que os dragões são obrigados a levar suas presas para alimentar um gigantesco dragão. Soluço tenta explicar a situação a seu pai, mas não é compreendido. Estoico se revolta com o filho, considerando-o mentiroso e traidor da comunidade, por aliar-se a um inimigo. O pai de Soluço captura Banguela e, amarrando-o em cordas para servir como guia, parte, com os outros *vikings* em busca do ninho do grande dragão. Ao encontrá-lo, não conseguem derrotá-lo e se veem em perigo, sendo salvos pelos garotos montados em dragões, liderados por Soluço. O garoto e seu amigo dragão, em um ato heroico, apoiado pelas outras crianças, derrotam o gigante dragão. Ao final da batalha, porém, Banguela e Soluço se acidentam e o menino, salvo por Banguela, tem uma de suas pernas amputada. Depois de recuperado na aldeia, o garoto é recebido pela comunidade como o grande herói da história.

Características dos personagens, etiologia da diferença e atributos negativos ou incapacidades

A partir da análise da história, observamos que a intolerância à diferença é o principal mote dos conflitos centrais presentes na narrativa: por um lado, a guerra entre os *vikings* e os dragões; por outro, a marginalização de Soluço pela comunidade *viking*. A propósito, é interessante notar como o personagem (Soluço) é caracterizado (pequeno, fraco e desastrado), como se fosse a antítese dos *vikings* (guerreiros grandes, fortes, corajosos e habilidosos). O contraste é notável na cena em que Estoico, o Imenso, conversa com seu filho. Se observarmos as tomadas dos personagens (plano e contraplano) e os ângulos das tomadas (*plongée* e *contra-plongée*),[12] veremos como a desproporção física entre eles é intencionalmente acentuada.

A diferença é também representada pela deficiência adquirida, característica de três personagens: Bocão, o ferreiro, que nos remete à figura mitológica de Hefestos; o dragão Fúria da Noite, que tem parte de sua cauda decepada pela armadilha; e Soluço, que perde uma perna na batalha. Nos três casos, a deficiência é decorrência da guerra entre *vikings* e dragões – será um castigo pela intolerância?

Virtudes ou superpoderes

A análise do desenho indica que o personagem Soluço, protagonista da história e com diferenças significativas, apresenta, como forma de compensação, virtudes ou poderes excepcionais que o distinguem dos demais. Se, por um lado, apresentava significativa desvantagem física em relação aos demais, por outro, sua astúcia lhe permitiu realizar incríveis façanhas, como capturar o temido Fúria da Noite (fato que nenhum *viking* tinha conseguido até então), dominar os dragões na arena, construir engenhosos objetos e, por fim, derrotar o grande dragão do mal. Nesse sentido, podemos considerar que o personagem representa a vitória do intelecto sobre a força bruta, da cultura sobre a natureza.

A presença de virtudes ou superpoderes parece ser um meio de compensar os personagens pela condição de desvantagem em que são colocados pelo destino. Isso, inevitavelmente, nos remete à compensação como uma das manifestações

---

[12] Neste trabalho, observamos aspectos técnicos da linguagem cinematográfica, sobretudo para fundamentar nossas interpretações, mas optamos por não inseri-las no texto para permitir uma leitura mais fluente. Em um trabalho anteriormente publicado (Ferreira et al., 2009), a descrição dos procedimentos técnicos pode ser mais bem observada.

do mecanismo de defesa da negação, observado por Lígia Amaral: "É paralítico, mas tão inteligente" (Amaral, 1998, p. 20). Talvez isso revele, no imaginário coletivo, o desejo de querer compensar aquele considerado inferior, atribuindo-lhe poderes super-humanos. Assim, esses indivíduos passam da condição de inferioridade à de super-heróis.

Grupo social

Outro aspecto interessante a ser observado é o círculo social em que o personagem está inserido, que nos dá a dimensão de quanto ele está incluído ou segregado socialmente. A pergunta é: "Quem são seus amigos?". No caso de Soluço, ninguém queria se relacionar com ele, até o momento em que começa a se destacar nas aulas para caçar dragões. Antes disso, Banguela é seu único amigo e, até o final da história, é ele quem sempre está ao lado de Soluço. Em outras palavras, um dragão – o mais temido deles – é o único amigo de Soluço.

Situações de humilhação

De heróis a vítimas, de vítima a vilão, ou vice-versa, são os lugares estereotipados nos quais os diferentes costumam ser colocados. Ao assistir a esses desenhos e a outras representações cinematográficas, como *O homem elefante*,[13] *O homem que ri*[14] e *O enigma de Kaspar Hauser*,[15] por exemplo, notamos que muitas situações de humilhação ocorrem mediante a exposição em público, seja em parques, seja em circos. A diferença é explorada como espetáculo, acentuando as características exóticas e reduzindo a dimensão humana das pessoas.

Merecem destaque também as situações de humilhação e descrédito sofridas pelo personagem. Eis algumas falas de Bocão para Soluço que demonstram isso: "Você não levanta um martelo, não aguenta um machado [...]"; "Você é pequeno e fraco". O pai de Soluço o considera uma vergonha para a família, sendo constantemente ridicularizado e desacreditado pelas crianças e pelos *vikings*. Assim como vimos em outros desenhos animados, situações de humilhação dos personagens diferentes são bastante frequentes, o que nos leva a refletir sobre a agressão

---

[13] *The elephant man*. Direção de David Lynch. Reino Unido/Estados Unidos, 1980.
[14] *The man who laughs*. Direção de Paul Leni. Adaptado do romance homônimo de Victor Hugo. Estados Unidos, 1928.
[15] *Jeder für sich und Gott gegen alle*. Direção de Werner Herzog. Alemanha, 1974.

contra os diferentes, principalmente quando estes são considerados fracos e inferiores.[16] Isso, possivelmente, deve ocorrer porque, na verdade, as características identificadas no outro diferente são aquelas indesejadas do próprio sujeito, que tem dificuldade para reconhecê-las como suas. Trata-se de um processo psíquico inconsciente conhecido como projeção. É interessante notar como isso se acentua em contextos em que, na luta pela sobrevivência, se valorizam a força e a competição, em contextos em que a fraqueza e a vulnerabilidade não são toleradas, devendo ser, portanto, negadas e ocultadas em si e apontadas nos outros como estratégia de sobrevivência.

Desfecho

É o momento em que ocorre a "moral da história", ou seja, é o final destinado aos personagens. Verificamos que um desfecho comum é a supressão da diferença para que haja um final feliz, o que também ocorre em outros desenhos, como *Pinóquio*, *Ariel* e *A Bela e a Fera* (Kohatsu; Molina; Ferreira, 2013). Os personagens são "normalizados", ou seja, são colocados mais próximos do padrão, daquilo que Lígia Amaral denomina "tipo ideal".

No desfecho do filme é apresentada a solução dos conflitos. Aparentemente, as diferenças são superadas, mas a análise mostra aspectos interessantes, que não podem ser desconsiderados.

A deficiência provoca mudança de *status* em dois dos personagens que se tornam deficientes ao longo da narrativa. Fúria da Noite, de vilão passa a ser vítima, quando se torna deficiente. Ao final, ainda que parcialmente reabilitado com a prótese, termina como um bicho de estimação, dependente de seu algoz/benfeitor. Soluço, inicialmente um desacreditado, vitimizado pelos colegas e pela comunidade, torna-se herói quando domina os dragões na arena. Posteriormente considerado um vilão, quando tem seu segredo revelado: um traidor por se aliar ao inimigo. Por fim, ele conquista o reconhecimento de todos, graças a inacreditáveis façanhas; resgata sua condição de super-herói, mas isso porque se tornou um deficiente. Bocão é o único personagem com deficiência que praticamente não tem sua condição social alterada ao longo da narrativa. Começa e termina como coadjuvante, na condição de incluído marginalmente,[17] uma vez que não

---

[16] Como nos casos de *bullying*.
[17] Termo usado por Lígia Amaral (2002) para se referir a uma inclusão que não é plena.

acompanhava os outros nas caçadas aos dragões. Diferentemente dos dois protagonistas, Bocão não foi caracterizado como vítima nem como vilão, tampouco como herói, estereótipos comumente atribuídos aos diferentes, conforme observado por Amaral.

Os demais dragões também parecem ter o mesmo destino de Banguela: se antes eram manipulados pelo grande dragão do mal, no final apenas trocam de senhores. É a representação da natureza domesticada pela cultura, na qual prevalece o desejo de dominação.

Pelo que se vê, é difícil afirmar que houve mudança na cultura da comunidade *viking*. Embora os conflitos tenham sido solucionados, parece que isso aconteceu mais em razão do sacrifício dos indivíduos do que pelas mudanças da comunidade, que aparentemente se manteve com os mesmos valores: força, bravura, conquista.

A solução do conflito ocorreu não pela aceitação da diferença, mas pela sua anulação. Em termos conceituais, houve um ajustamento e uma integração dos personagens, e não sua inclusão. Soluço queria apenas ser incluído; no início do filme ele diz "Só quero ser igual a vocês", o que mostra seu sentimento de marginalização por ser diferente. Como disse Estoico, seu pai diz para Bocão: "É, desde que ele engatinhava, era diferente". Soluço foi aceito somente após um ato de heroísmo, ou melhor, de sacrifício. Sacrifício não apenas de uma parte sua – a perna –, mas do todo que teve de ser negado: "Pare de ser você todo"; e, quando ele não conseguia: "Pare de se esforçar em querer ser o que não é", disse-lhe Bocão.

Nota-se que a comunidade *viking* em que Soluço vivia idealizava seus membros. A diferença entre identificação, discutida adiante, e idealização é ressaltada por Crochík (2011). As idealizações são incentivadas ao longo da socialização, em que se valorizam certos padrões e comportamentos e menosprezam-se outros sem ter experiência. "Na idealização, os indivíduos são excluídos da própria experiência, e não deixa de ser uma forma de preconceito, pois os desejos, as fantasias e as expectativas antecedem o contato com os outros" (Crochík, 2011, p. 68). Dessa forma, constitui-se um modelo ideal que, no caso do filme discutido, Soluço não alcançaria por ser diferente. Para ser aceito, foi preciso uma atitude idealizada.

De certo modo, o filme mostra que aquele que não pode ser plenamente integrado pode ser sacrificado para a sobrevivência do coletivo, se as circunstâncias assim o exigirem. Contudo, contraditoriamente, a observação da história não nos permite esquecer que, quanto maior o esforço de integração, maior parece ser a força para marcar a diferença e manter a separação em função da suposta diferença. Soluço pode ser considerado herói por salvar o coletivo, mas para isso teve de sacrificar sua individualidade e sua singularidade. Soluço representa o "bode expiatório" e o "boi de piranha" na narrativa.

Embora o desenho não apresente avanços significativos na aceitação ativa da diferença, não podemos deixar de ressaltar contribuições importantes. Chamamos a atenção para a relação entre Soluço e Banguela. De início, estavam em posições opostas e inconciliáveis, levadas pela situação de guerra entre *vikings* e dragões, mas, no desenrolar da narrativa, ocorre um interessante processo de identificação mútua entre indivíduos de espécies distintas. Apesar de fisicamente diferentes, na cena em que Soluço captura Fúria da Noite e vai matá-lo, o *close up* no olho/olhar é usado como elemento que os aproxima e os assemelha, impedindo o garoto de matar o dragão. Há o reconhecimento de que, embora diferentes, apresentavam elementos que os identificavam. Ressalte-se que, ao final do filme, Soluço comenta em relação ao dragão: "Não poderia matá-lo, porque ele [dragão] estava tão assustado quanto eu [Soluço]. Quando olhei para ele, eu vi a mim mesmo".

Nota-se que em muitos desenhos a diferença não é aceita, devendo ser suprimida para que se alcance o *happy end* ou na impossibilidade dessa alternativa, o personagem segue segregado, apontando como moral da história, ainda que de modo implícito, a impossibilidade de convivência com os diferentes (Kohatsu; Molina; Ferreira, 2013).

Em outros desenhos recentes, não analisados neste trabalho, podemos encontrar desfechos semelhantes. *Shrek*[18] (Ferreira et al., 2009; Kohatsu; Molina; Ferreira, 2013) é um exemplo em que o final quase se aproxima da aceitação da diferença, todavia, na impossibilidade de o ogro se tornar príncipe, a princesa é transformada em ogra. *Barbie Fairytopia*,[19] a história de uma fada sem asas, também tem um final que segue o chavão da normalização. Enquanto fada sem asas, ela ficava discriminada, mas ao se transformar na heroína por salvar o reino, é recompensada pela fada-mor, que lhe presenteia com um par de asas, tornando-a igual às demais. Se nos desenhos mais antigos o diferente se tornava normal, nos desenhos mais recentes a semelhança é forçada pela diferenciação do personagem normal.

A identificação entre o menino e o dragão é novamente explorada no final do filme, após Soluço perder a perna na batalha contra o grande dragão do mal. A técnica de animação *Pan Vertical*, que acompanha o movimento da cabeça de Banguela, da prótese do garoto até seu rosto, ressalta a resignação de Soluço, quando

---

[18] *Shrek*. Direção de Andrew Adamson/Vicky Jenson. Estados Unidos, 2001.
[19] *Barbie Fairytopia*. Direção de William Lau. Estados Unidos, 2007.

este suspira ao observar a deficiência adquirida. Na condição de deficiente físico, o menino assemelha-se ainda mais à Fúria da Noite, também teve parte de sua cauda amputada pela armadilha. A questão que se coloca é: Por que o garoto teve de se tornar deficiente? E mais: Por que a amizade entre o garoto e o dragão não poderia ser mantida, a despeito das diferenças?

Fúria da Noite era um dragão e Soluço, um garoto. A diferença estava dada, mas, pelo visto, precisava ser atenuada. Talvez isso mostre a necessidade de tornar o garoto deficiente, tal como o dragão. Uma solução para a culpa?

Se, por um lado, houve a possibilidade de identificação entre os diferentes (garoto *viking* e dragão), o mesmo não ocorreu entre aqueles supostamente considerados iguais, ou seja, entre os membros da comunidade *viking* e Soluço. Nesse aspecto, pode-se afirmar que a identificação com Soluço era negada pela comunidade, embora o garoto se esforçasse para se tornar um autêntico *viking*. Crochík (2011, p. 71) ressalta: "se a identificação pode ser definida como a busca do universal no particular, a sua negação diz respeito a esse universal: o outro não é reconhecido em sua humanidade". Soluço era negado em sua totalidade, e isso pode ser verificado na cena em que Bocão, o ferreiro, diz: "Pare de ser você todo", ou, ainda, nos vários momentos em que lhe dizem: "Isso tudo", apontando para ele, para a sua totalidade, que deveria ser negada pelo próprio garoto. Até o desfecho do filme, Soluço não é aceito em sua diferença, mas passa a sê-lo apenas depois que se tornou um herói, que se sacrificou por todos.

As características de Soluço que incomodam a todos da comunidade correspondem a "impulsos que o sujeito não admite como seus e que, no entanto, lhe pertencem [e] são atribuídos ao objeto: vítima em potencial" (Adorno; Horkheimer, 2006, p. 154). Em outras palavras, em uma comunidade em que as características próprias de *viking* são tão valorizadas, a possibilidade de não tê-las é tão inaceitável que exclui Soluço das principais atividades. O comportamento projetivo, no entanto, não é patológico enquanto tal, mas sim a ausência de reflexão que o caracteriza (Adorno; Horkheimer, 2006). O sujeito "perde a reflexão nas duas direções: como não reflete mais o objeto, ele não reflete mais sobre si e perde assim a capacidade de se diferenciar" (Adorno; Horkheimer,, 2006, p. 156); em outras palavras, a identificação é impedida, e também sua possibilidade de formação.

Adorno e Horkheimer (2006, p. 158) ressaltam que a falsa projeção, ou projeção patológica, "consiste substancialmente na transferência para o objeto de impulsos socialmente condenados do sujeito"; dessa forma, o sujeito acredita que conseguirá livrar-se de suas características indesejadas ao combater o objeto-alvo de seu preconceito. O movimento contrário à falsa projeção é o da emancipação individual e coletiva da dominação, por meio da consciência crítica e autônoma.

Conclui-se que, apesar de *Como treinar o seu dragão* apresentar avanços em relação a desenhos que tratam da questão da diferença significativa, os personagens que possuem essa diferença não são verdadeiramente incluídos.

Com relação à discussão entre inclusão e exclusão, Crochík (2011) aponta:

> Parece haver inclusão marginal e exclusão. A primeira ocorre quando a inclusão é precária: as condições limitadas do exercício da cidadania quase que a invalidam; na segregação, essas condições, em boa parte, não são dadas. Da perspectiva inversa, pode-se dizer que, aos segregados, não se dá o reconhecimento de pertença ao mesmo grupo; na marginalização, esse reconhecimento é acompanhado da desconfiança de ser merecedor ou não desse reconhecimento. Em relação ao segregado, parece haver o que nomeamos de negação da identificação – pertence à outra espécie –; quanto ao marginalizado, parece haver a hostilidade própria da identificação negada. (p. 74-75)

A citação é cabível para a análise em questão, pois Bocão, do início ao desfecho do filme, parece estar ora incluído, ora marginalizado pelo grupo de *vikings*: possui tarefas na comunidade, fica à margem, mas é solicitado em situações extremas. No caso de Soluço, ele apresenta a condição típica do marginalizado; é reconhecido como membro da comunidade *viking*, mas há desconfiança quanto ao merecimento dessa identificação, negada até pelas crianças. Os dragões, grupo ao qual Banguela pertence, são literalmente considerados de outra espécie. Há segregação explícita e negação da identificação, esta rompida somente por Soluço e Banguela quando se reconhecem um ao outro. É também interessante notar que a aproximação entre *vikings* e dragões só ocorreu devido à ação de um *quase-não--viking*: somente Soluço, à margem, conseguiu vislumbrar a humanidade daquele ser essencialmente diferente de si.

Entrando nas escolas: formação de professores, desenhos animados e diferenças significativas

O objetivo desta última parte é refletir sobre o que foi apresentado até aqui, ou seja, sobre as diferenças significativas e os desenhos animados e a importância da reflexão sobre o uso do desenho animado na prática pedagógica de professores que atuam principalmente na educação infantil e nas séries iniciais do ensino fundamental.

Antes de iniciarmos essa reflexão, gostaríamos de deixar claro que partimos do pressuposto de que o processo de construção do ser profissional professor é constante; inicia-se antes do ingresso no curso de formação inicial e continua por toda a sua vida profissional.

Nesse sentido, entendemos que a aprendizagem da docência é marcada por oscilações e rupturas, fundamentando um processo de desenvolvimento profissional complexo e contínuo (García, 1987; Nóvoa, 1997; Molina; Lima, 2008), o qual, por sua vez, está intrinsecamente conectado à promoção de processos de mudança em colaboração entre os professores e entre estes e acadêmicos, para que possam crescer como profissionais e também como pessoas.

É importante frisar que, nessa perspectiva, a experiência pessoal e a prática profissional são importantes fontes de aprendizagem. Professores carregam consigo crenças, atitudes, valores, juízos, sistemas conceituais, teorias implícitas, princípios práticos etc., que orientam a ação docente e tendem a não se modificar pelo simples contato com novas crenças, valores e princípios. A prática docente, por sua vez, também é importante fonte de aprendizagem, na medida em que gera, integra, revisa, rejeita ou convalida diversos tipos de saberes – curriculares, profissionais, científicos, da experiência etc. (Molina; Lima, 2008; Sacristán, 1993; Monteiro; Mizukami, 2002).

García (2009, p. 13) afirma que os candidatos à docência, quando chegam às instituições de formação inicial de professores, não são recipientes vazios; pelo contrário, carregam consigo um sistema de crenças acerca do ensino, muitas vezes tão enraizado que tanto a formação inicial como, posteriormente, a formação continuada, são, na maioria das vezes, incapazes de transformá-lo. Como consequência, fica evidente a grande probabilidade de os professores, ao assumirem suas salas de aula, reproduzirem em suas práticas a forma como construíram seus saberes e fazeres sobre determinado objeto.

Esta é a preocupação central deste texto: alertar sobre o lugar que os desenhos animados podem ocupar no trabalho de professores que ministram aulas, principalmente na educação infantil e nas séries iniciais do ensino fundamental, tendo em vista que, em sua vida, estes provavelmente tiveram algum contato com desenhos animados, mas como forma de entretenimento e, portanto, sem uma reflexão mais aprofundada a respeito.

Como explicitado na literatura (Pacheco, 1985; Fusari, 1985; Fischer, 1997; Gomes, 2001), e indicado em nosso texto, os desenhos animados podem ser marcados por valores sociais capazes de veicular e fortalecer preconceitos, estereótipos e estigmas.

Quando migramos essas ideias para a escola, especificamente para a de educação infantil e para as séries iniciais do ensino fundamental, em que a utilização dessa ferramenta é muito intensa, verificamos que predominam nas práticas docentes o uso desse material como entretenimento (Ferreira et al., 2009) e, por consequência, um uso de modo irreflexivo, muito provavelmente em decorrência da relação entre a história pessoal do professor com os desenhos animados.

Some-se a isso o pequeno número de estudos que investigam a formação de professores para o atendimento de crianças com deficiência, o que constitui um grande desafio vivido pelas escolas.

Araujo, Rusche, Molina e Carreiro (2010) realizaram a revisão bibliográfica de artigos que tratam da formação de professores para a inclusão escolar da pessoa com deficiência, tendo como base os resumos de artigos publicados na SciELO até o primeiro semestre de 2010, e encontraram apenas 18 artigos que tratavam dessa temática. Algumas das conclusões atingidas pelos autores são preocupantes. Entre elas, podemos citar: (1) nenhuma das produções foi realizada por pesquisadores da área da Psicologia, o que merece destaque, pois, historicamente, os profissionais dessa área estão ligados à temática da inclusão e do desenvolvimento e da aprendizagem, o que seria de esperar que estivessem pesquisando também a formação de professores para a inclusão de pessoas com deficiência nos espaços escolares; (2) um terço dos resumos relaciona a formação com questões de saúde.

É emergente que se compreenda o paradigma da inclusão a partir de temas mais gerais, como a diferença, o preconceito, antes de poder lidar com as especificidades da deficiência, ou seja, da educação escolar da pessoa com deficiência na perspectiva da educação inclusiva. Nos processos de formação dos professores sobre a inserção de pessoas com deficiência no ambiente escolar, a discussão ainda se mantém de forma generalista, preparando-os para as questões gerais relacionadas à inclusão, mas não aprofundando as diferenças específicas para a inclusão das várias deficiências.

As ideias até aqui apresentadas suscitaram algumas perguntas:

- Em quais condições o professor teve acesso a uma formação cultural mais ampla?

- Qual é a relação que ele mantém com as formas de expressão artístico-culturais construídas pela humanidade?
- Qual é a ligação dele com a literatura, o teatro, a música, as artes plásticas, o cinema?
- Qual relação ele mantém com os desenhos animados? E com as diferenças significativas?
- Como essas visões intervêm em suas ações em sala de aula?
- Qual uso o professor faz dos desenhos animados em seu trabalho?

Entendemos que a relação entre a história de vida do professor, os desenhos animados e "a condição que coloca o ser humano no desvio, na anormalidade" (Amaral, 2001, p. 135) e a relação do profissional professor com esses pontos e o trabalho que ele desenvolve em sala de aula deveriam direcionar-se para uma perspectiva de transformação social, principalmente no que diz respeito à visão social quanto às diferenças significativas.

Como apresentado nas partes iniciais deste texto, a relação que se mantém com a diferença significativa, e a posterior análise realizada sobre ela no desenho *Como treinar o seu dragão*, indicam a necessidade de o professor entender o sentido empreendido naquilo que é transmitido pelo desenho, em suas várias linguagens (literária, cinematográfica, imagética, de animação etc.) e, mais do que isso, fornecer aos alunos formas de reflexão sobre esses aspectos, com o objetivo de favorecer uma mudança social na direção de uma sociedade efetivamente inclusiva.

O professor, como gerenciador direto dos processos de escolarização, ou seja, como aquele que tem contato direto em sala de aula com o aluno, pode ser considerado, entre os vários componentes envolvidos (direção, coordenação, comunidade), o elemento-chave para o sucesso dos processos de mudança discutidos na atualidade. Para isso, no entanto, precisa entender o seu fazer profissional.

O uso irrefletido de estratégias didáticas como o desenho animado, aparentemente inofensivo, tem veiculado formas de ação e de pensar que, muitas vezes, vão na contra mão daquilo que o próprio professor defende, e que, por descuido ou por falta de uma leitura aprofundada, acabam sendo por ele difundidas.

Entendemos que o desenho não deva ser extinto da sala de aula, mas é fundamental que sejam feitas indagações sobre as finalidades de seu uso. Por fim, entendemos que cabe ao professor o uso formativo e realmente educativo desses instrumentos em suas aulas.

Estratégias de enfrentamento

A partir do exposto até aqui entendemos ser necessário levantar sugestões que apontem caminhos para que propostas que suscitem a reflexão dos professores sobre o trabalho que realizam e que tem como suporte os desenhos animados possam ser efetivadas.

Inicialmente, entendemos que o processo de reflexão deve ser levado a cabo durante toda a formação do indivíduo, e é por esse motivo que ressaltamos a importância de se pensar o trabalho desenvolvido pelos professores, porque, hoje, todos, obrigatoriamente, ou pelo menos aqueles entre 4 e 15 anos, devem frequentar a escola básica.

Será que existem possibilidades de reversão do processo civilizatório massacrante que vivemos nos dias de hoje? Como apoiar os professores para que estes produzam práticas mais solidárias e que incentivem nas crianças uma mudança reflexiva diante daquilo que o mundo lhes apresenta, a fim de que elas possam escolher, em vez de apenas engolir e reproduzir? Perguntas de difícil resposta, mesmo porque vivemos neste mesmo mundo.

Entendemos que os processos de formação inicial e continuada, em primeiro lugar, devem respeitar o saber do professor. É esse saber que precisa ser pensado. Os formadores de professores, em qualquer uma das suas modalidades, precisam entender o sentido que o profissional dá para a sua formação, quanto ele sabe sobre desenhos animados e que relação mantém com eles, que atividades didático-pedagógicas desenvolveria em sala de aula, quais desenhos utilizaria etc.

Colocadas essas questões, caberia então ao formador, juntamente com os professores, entender o sentido que é dado a cada uma delas, desse modo apoiando a conscientização sobre essas diferentes perspectivas e seus possíveis impactos e objetivando um comprometimento com a mudança social e com a construção de um mundo melhor para todos.

Para que isso dê certo, todo esse processo de formação deve ser compartilhado – todos devem se sentir participantes e parceiros. Assim, a distribuição de poder será mais bem equacionada, e todos se tornarão corresponsáveis pelo próprio processo de formação e pela formação oferecida às crianças nas escolas.

Como caminhos para que os professores reflitam e compreendam sua relação com o desenho animado, apresentamos sucintamente quatro estratégias que consideramos relevantes e que podem ser utilizadas por eles, assim como por coordenadores, diretores, formadores de professores etc. São elas:

1. *Trabalho com a história de vida ou autobiografia dos professores* – Essa estratégia tem o objetivo de promover o autoentendimento (1) da relação da história pessoal do professor com os meios de comunicação, mais especificamente com os desenhos animados, e (2) da relação da sua história pessoal com aqueles que apresentam alguma diferença significativa (Seed-Mec, 2007; Bueno et. al. 2006).
2. *Reflexões coletivas* – Essa estratégia prevê, por exemplo, a apresentação "pública" de um desenho animado ou de relatos de experiências sobre deficiência ou gênero ou étnico-raciais, entre outras, em que os professores possam colocar seus pontos de vista e discuti-los com os colegas da escola.
3. *Uso de videoscopia* – Nessa estratégia, o professor grava suas aulas e depois a assiste juntamente com seus colegas de escola, com um professor mais experiente ou com professores universitários, a fim de entender como faz a relação entre a classe e os conteúdos veiculados pelo vídeo apresentado (Garrido; Carvalho, 1999; Fernandes; Silva, 2003; Albuquerque, 2008).
4. *Processos de pesquisa-ação colaborativa* – Essa estratégia consiste em um processo em que o professor, em parceria com um pesquisador de universidade, reflete sobre a sua ação educativa (Lima, 1997; Zeichner, 2000; Garrido, 2000; Molina, 2010).

À guisa de conclusões: *quem quiser que conte outra...*

Este trabalho teve como objetivo discutir sobre o modo como as diferenças significativas têm sido representadas nos desenhos animados infantis de longa-metragem e apontar como preconceitos, estereótipos e estigmas são frequentemente associados a elas. Pretendeu-se com este trabalho contribuir para a reflexão sobre as diversas formas de manifestação do preconceito e, desse modo, contribuir também para a formação de professores e alunos.

A análise dos filmes apresenta elementos importantes para se pensar a questão da diferença no contexto escolar. Quando se discute a inclusão de alunos com deficiência na classe regular, é comum observar as vantagens e os benefícios para o aluno incluído, mas ainda é raro reconhecer os benefícios que essa inclusão traz para todos os alunos.

Por meio do contato com a diferença, a criança pode refletir sobre si mesma e sobre o outro. Assim, a socialização, ao mesmo tempo que permite o reconhecimento do que é comum, possibilita a diferenciação pela expressão do singular. Podemos aprender que, aos poucos, o medo pode aos poucos ser substituído pela confiança, possibilitando a percepção de características e traços comuns, sem ter de abdicar das diferenças.

Esperamos assim, que este trabalho possa estimular a reflexão e a discussão dos educadores, e que estes, conjuntamente, possam vislumbrar uma escola mais aberta e acolhedora das diferenças.

Referências

ALBUQUERQUE, M. O. A. *Reflexão crítica e colaborativa*: articulação, teoria e prática no desenvolvimento da atividade docente. Dissertação (Mestrado em Educação). Universidade Federal do Piauí, 2008.

AMARAL, L. A. *Espelho convexo*: o corpo desviante no imaginário coletivo, pela voz da literatura infantojuvenil. Tese (Doutorado). Instituto de Psicologia da Universidade de São Paulo. São Paulo, 1992.

_____. *Conhecendo a deficiência*: em companhia de Hércules. São Paulo: Robe, 1995.

_____. *Deficiência, vida e arte*. Tese (Livre-docência). Instituto de Psicologia da Universidade de São Paulo. São Paulo: 1998.

_____. Sobre crocodilos e avestruzes: falando de diferenças físicas, preconceitos e sua superação. In: AQUINO, J. G. *Diferenças e preconceito na escola*: alternativas teóricas e práticas. São Paulo: Summus, 1998b, p. 11-30.

_____. A diferença corporal na literatura: um convite a "Segundas Leituras". In: SILVA, S.; VIZIM, M. *Educação especial*: múltiplas leituras e diferentes significados. Campinas: Mercado de Letras/ALB, 2001, p. 131-161.

_____. Algumas reflexões a partir do filme "O oitavo dia". *Temas sobre Desenvolvimento*, São Paulo, v. 10, 2001b, p. 12-23.

_____. Diferenças, estigma e preconceito: o desafio da inclusão. In: OLIVEIRA, M. K.; SOUZA, D. T. R.; REGO, T. C. (orgs.). *Psicologia, educação e as temáticas da vida contemporânea*. São Paulo: Moderna, 2002, p. 233-248.

_____. *Resgatando o passado*: deficiência como figura e vida como fundo. São Paulo: Casa do Psicólogo, 2004.

ARAUJO et al. Formação de professores e inclusão escolar de pessoas com deficiência: análise de resumos de artigos na base SciELO. *Rev. psicopedag.*, v. 27, n. 84, p. 405-416, 2010.

BLAIR, P. *Cartoon animation*. Califórnia: Walter Foster Publishing, 1994.

BUEN, et al. Histórias de vida e autobiografias na formação de professores e profissão docente (Brasil, 1985-2003). *Educação e Pesquisa*, São Paulo, v. 32, n. 2, p. 385-410, maio/ago. 2006.

CROCHÍK, J. L. Preconceito e inclusão. In: LABORATÓRIO DE ESTUDOS SOBRE O PRECONCEITO (org.). *Preconceito e educação inclusiva*. Brasília: Secretaria de Direitos Humanos/PR, 2011, p. 65-80.

DREAMWORKS. *Como treinar o seu dragão*. Direção de Dean DeBlois, Chris Sanders. EUA, DreamWorks e Paramount Pictures, 2010. 1 DVD (98 min), son., color., dublado (português), 2010.

FERNANDES, S.; SILVA, B. Vídeo-formação: uma experiência de videoscopia com professores estagiários. *Revista Galego-Portuguesa de Psicoloxía e Educación*, Universidade da Corunha, v. 10, n. 8, ano 7, p. 2023-2037, 2003.

FERREIRA et al. *Uma análise crítica da apresentação da diferença nos desenhos animados*. ABRAPSO: Maceió, 2009.

FISCHER, R. M. B. O estatuto pedagógico da mídia: questões de análise. *Educação & Realidade*. Porto Alegre, v. 2, n. 22, p. 59-80, jul./dez. 1997.

FUSARI, M. F. R. *Educador e o desenho animado que a criança vê na televisão*. São Paulo: Loyola, 1985.

GARCÍA, C. M. Desenvolvimento profissional docente: passado e futuro. Sísifo. *Revista de Ciências da Educação*, 8, p. 7-22, 2009. Disponível em: http://www.unitau.br/files/arquivos/category_1/MARCELO___ Desenvolvimento_Profissional_Docente_passado_e_ futuro_1386180263.pdf. Acesso em: fev. 2016.

_____. *El pensamiento del profesor*. Barcelona: Ediciones CEAC, 1987.

GARRIDO E. *Pesquisa universidade-escola e desenvolvimento profissional do professor*. Tese (Livre-docência). Universidade de São Paulo. São Paulo: 2000.

GARRIDO, E.; CARVALHO, A. Reflexão sobre a prática e qualificação da formação inicial docente. *Cadernos de pesquisa*, n. 107, p. 149-168, jul/1999.

GIROUX, H. A disneyzação da cultura infantil. In: SILVA, T. T; MOREIRA, A. F. B. (orgs.). *Territórios contestados*: o currículo e os novos mapas políticos e culturais. Petrópolis: Vozes, 1995.

GOFFMAN, E. *Estigma*: notas sobre a manipulação da identidade deteriorada. Rio de Janeiro: LTC, 1988.

GOMES, P. B. M. B. Mídia, Imaginário de consumo e educação. *Educação & Sociedade*, ano XXII, n. 74, p. 191-207, abr./2001.

HORKHEIMER, M.; ADORNO, T. A indústria cultural: o Iluminismo como mistificação das massas. In: ADORNO, T. *Indústria cultural e sociedade*. São Paulo: Paz e Terra, 2002, p. 7-74.

_____. Elementos do antissemitismo: limites do esclarecimento. In: _____. *Dialética do esclarecimento*. Rio de Janeiro: Zahar, 2006, p. 139-171.

JACINTHO, R. *O grilo perneta*. Rio de Janeiro: FEB, 1978.

KOHATSU, L. N.; MOLINA, R.; FERREIRA, K. D. M. As diferenças significativas nos animados infantis da Disney: da inocência e fantasia aos preconceitos e estereótipos.

In: VIII ENCONTRO DA ASSOCIAÇÃO BRASILEIRA DE PESQUISADORES EM EDUCAÇÃO ESPECIAL, 2013, Londrina/PR. *Anais...* Londrina/PR: UEL, 2013, p. 3380-3392.

LAPLANCHE, J.; PONTALIS, J. B. *Vocabulário da psicanálise*. São Paulo: Livraria Martins Fontes, 1986.

LEITE, D. M. *O caráter nacional brasileiro*: história de uma ideologia. São Paulo: Unesp, 2002.

LIMA, S. M. *O professor como profissional crítico-reflexivo*: possibilidades e limites de um projeto de formação continuada na escola. Dissertação (Mestrado). Departamento de Educação da Universidade Federal de Goiás. Goiânia: 1997. 280 p.

MARINHO, C. C. A. *Signos em animação*: uma introdução à linguagem do desenho animado. Dissertação (Mestrado) – Pontifícia Universidade Católica de São Paulo. São Paulo: 1992.

MELO, R. C. *Uma joaninha diferente*. São Paulo: Paulinas, 1989.

MOLINA, R. Contribuição da pesquisa-ensino colaborativa: análise de dissertações e teses. In: PENTEADO, H. D.; GARRIDO, E. (Org.). *Pesquisa-ensino*: a comunicação escolar na formação do professor. São Paulo: Paulinas, 2010, p. 151-186.

MOLINA, R; LIMA, S. M. L. Desenvolvimento e aprendizagem profissional da docência: novos conceitos, outros caminhos. *Revista de Educação*, Itatiba, v. 11, p. 89-108, 2008.

MONTEIRO, F. A. M.; MIZUKAMI, M. G. N. Narrativas e processos de aprendizagem profissional da docência: investigando conhecimentos profissionais de professoras em exercício. In: XI ENDIPE, 2002, Goiânia. *Anais...* Goiânia, 2002. CD ROM.

NÓVOA, A. (org.) *Os professores e sua formação*. Lisboa: Dom Quixote, 1997.

ORTHOF, S. *Dumonzito, o avião diferente*. Rio de Janeiro: Ao Livro Técnico, 1986.

PACHECO, E. D. *O Pica-Pau*: herói ou vilão? Representação social da criança e a reprodução da ideologia dominante. São Paulo: Loyola, 1985.

SACRISTÁN, J. G. El profesor como investigador en el aula: un paradigma da formación de profesores. *Educación y Sociedad*, 2, p. 17-35, 1993.

SEED-MEC. *Histórias de vida e formação de professores*. SEED-MEC/Brasília. TV escola/Salto para o futuro. Boletim 1, mar. 2007. Disponível em: www.tvbrasil.org.br. Acesso em: 15 dez. 2012.

XAVIER, I. (org.) *A experiência do cinema* – antologia. Rio de Janeiro: Graal, 1983
_____. A decupagem clássica. In: _____. *O discurso cinematográfico*: a opacidade e a transparência. São Paulo: Paz e Terra, 2005.

ZEICHNER, K. N. Para além da divisão entre professor-pesquisador e pesquisador acadêmico In: GERALDI, C. M. G.; FIORENTINI, D.; PEREIRA, E. M. A. (orgs.). *Cartografias do trabalho docente*. Campinas: Mercado das Letras/ALB, 2000, p. 207-236.

3

Sexualidade e educação infantil: fundamentos e subsídios para a intervenção docente no cotidiano escolar

Elizabeth dos Reis Sanada

> A Psicanálise tem sido um dos grandes instrumentos da sociedade para repensar os contextos humanos em uma ordem maior. Ela possibilita não apenas uma compreensão do mundo, mas a captura de uma lógica que se repete. Uma lógica que Freud revelou ser da ordem da pulsão de morte e Lacan, do gozo.
>
> Leny M. Mrech (2002, p. 93)[1]

Desde 1989, tenho trabalhado na área da educação. Nos primeiros dez anos, lecionando no segmento da Educação Infantil, depois passando a prestar consultoria a escolas particulares, a desenvolver pesquisas na interface da psicanálise e educação e a atuar na formação de professores.

Em todos esses anos, o tema da sexualidade sempre apareceu nas falas dos professores como uma problemática difícil de ser abordada na relação educacional. Entre as questões que mais os preocupam estão aquelas relacionadas à dificuldade de lidar com a curiosidade das crianças sobre as diferenças sexuais anatômicas e com as dúvidas associadas ao nascimento dos bebês, além da masturbação infantil e das brincadeiras de exploração do corpo dos colegas.

Como a maior parte das pessoas, um grande número de professores acredita que a sexualidade é algo que se desenvolve somente a partir da adolescência, isto

---

[1] Psicanalista. Doutora e Mestre em Psicologia Escolar e do Desenvolvimento Humano pelo Instituto de Psicologia da USP. Docente no curso de Graduação e Pós-Graduação em Pedagogia do Instituto Superior de Educação de São Paulo – Singularidades. Consultora educacional na área de Educação e Psicanálise."

porque, de modo geral, associam sexualidade a sexo. Assim, é difícil admitirem alguma manifestação de sexualidade antes dessa fase, principalmente nos anos iniciais do desenvolvimento, na faixa etária entre 0 e 3 anos.

Mas a *sexualidade* é algo bem mais abrangente que o *sexo*, e faz parte da vida de todo ser humano, antes mesmo do seu nascimento. Segundo Silva (2013, p. 17-18), a partir do momento em que o casal descobre que está esperando um bebê:

> Inicia-se, no imaginário materno e paterno, a constituição desse sujeito. Isto é, começam a imaginar se será um menino ou uma menina, qual será a cor dos olhos, do cabelo, qual será seu nome e a construir expectativas sobre quem será. As marcas culturais da construção da sexualidade, na montagem da identidade de gênero, já começam a ser impressas desde aí, no lugar destinado ao futuro bebê.

Entretanto, se nem todas as pessoas valorizam as primeiras experiências afetivas do bebê como constitutivas da sua sexualidade, quando mencionamos crianças um pouco maiores, em torno dos 4 ou 5 anos, por exemplo, a experiência os obriga a aceitar que algo não é como imaginavam, que a criança não é um ser assexuado. Infelizmente, porém, diante das pesquisas empreendidas pela criança sobre sua sexualidade e daqueles que a rodeiam, os adultos ainda representam as manifestações ocorridas nesse período como desvios e/ou ameaças, sobretudo no que se relaciona aos casos de masturbação infantil e à experimentação de papéis sexuais.

Percebemos que os conflitos nesse campo têm se acirrado nos últimos anos, à medida que o acesso à mídia e à liberdade de expressão nos meios de comunicação tem se ampliado, trazendo para o meio escolar assuntos que antes ficavam restritos ao âmbito familiar e, mais especificamente, aos adultos.

Além disso, surgem novas constituições familiares – casais homossexuais, "produções independentes", reprodução assistida, inversão dos papéis desempenhados pela mãe e pelo pai em casa –, dinâmica que se reflete no espaço das salas de aula, obrigando professores a lidarem com um tema que muitas vezes não se coaduna com suas concepções pessoais.

Logo, percebemos que trabalhar com as discussões e as manifestações da sexualidade na escola é algo que envolve mais do que a necessidade de um preparo técnico, requer antes que estejamos atentos à concepção de cada profissional acerca do assunto, às suas crenças, às suas ideologias e à influência desses fatores sobre sua intervenção docente.

O olhar do professor sobre a sexualidade hoje

No decorrer de nossas pesquisas, pudemos entrevistar vários profissionais, e o que constatamos foi um discurso que descrevia o ponto de irredutibilidade com o qual os professores se viam confrontados ao se depararem com o que é da ordem do sexual, percebendo-se como *"impotentes"* e *"despreparados"* para lidar com manifestações da sexualidade de seus alunos.

Nesses casos, a *sexualidade* aparecia como sinônimo de *sexo*, atualizando as fantasias pessoais dos professores sobre o assunto e dificultando sua atuação na relação com o aluno, tal como podemos acompanhar em alguns relatos dos entrevistados:

Professora 1:

Na minha sala, agora eu estou com um problema: eles deram de se beijar. De repente, do nada, eles estão brincando, aí vai um lá e "tasca" um beijo na boca do outro... Eu não sei o que fazer. Eu já penso logo no pior: no que será que eles estão vendo em casa...

Professora 2:

Eu estou horrorizada com o X (garoto de aproximadamente 4 anos). *Ele começou a falar que quer transar com todo mundo.* [Ao ser questionada se já havia lhe ocorrido perguntar ao garoto o que ele entendia por *"transar"*, ela responde:] *Não... É que eu já penso logo no "Monstro": e se ele responde aquilo que a gente imagina? Ou seja, que está acontecendo alguma coisa grave na casa dele?*

Professora 3:

Esta semana, as crianças estavam na fila para pegar o almoço, quando M. passou a mão embaixo da saia de R., eu fiquei perdida, não sabia o que fazer, então fiz de conta que não vi. Mas aquilo me incomodou muito... Na certa, ele deve ter visto alguém fazendo isto, não é?

[Ao lhe perguntarem por que não interveio, assim como faria se alguém puxasse o cabelo de outro ou coisa semelhante, ela diz que:] *Nesse caso é diferente, fico com medo de reprimir a criança... E se é uma coisa que ela viu e acha normal?*

Os impasses com a sexualidade dos alunos parecem ser, de um lado, o reflexo de uma dinâmica maior, que envolve o histórico pessoal do professor, o modo como ele significa a própria sexualidade e, de outro, a própria maneira como o imaginário social vem se construindo no que tange à noção do que permitir e do que reprimir na educação das crianças. Diante desses fatores, há uma dificuldade por parte do adulto em estabelecer limites que orientem as crianças adequadamente.

Percebemos que o professor não se considera capacitado para responder ao questionamento dos alunos nem para resolver situações corriqueiras, como nos exemplos citados anteriormente. A consequência em muitos casos é a paralisação, a partir da qual o professor não consegue fazer uso sequer de dispositivos educacionais essenciais como estabelecer regras, muito menos sustentar uma possibilidade de discussão sobre o assunto. Descrente em seu saber, ele atribui ao outro a solução de seus impasses, tal como observamos no trecho abaixo:

Professora 4:

Estou com um problema em minha sala e não sei mais o que fazer. Você pode me trazer o que você tiver que eu aceito. Livros, textos, sites na internet, só não suporto esta sensação de não saber o que dizer quando meus alunos me fazem perguntas. Hoje em dia, eles parecem saber mais do que a gente. Não me lembro de ter sido assim quando eu era criança, o professor era sempre quem sabia mais em sala de aula. Outro dia mesmo, alguns alunos, pequenos ainda para isto, falavam de alguns brinquedos sexuais que tinham visto...

Ao analisarmos o desabafo da professora, notamos ao menos duas questões importantes: uma é a sensação de descompasso vivida em relação ao que se deu na própria história pessoal da entrevistada, cuja experiência remonta a uma época em que não havia acesso na mídia para temas sexuais como há hoje. E outra aponta para o lugar dessa professora, que se vê como alguém desprovido de um saber capaz de responder pelo que lhe é exigido em sua prática, acreditando que qualquer outro saber será melhor que o seu.

Ao lembrar a forma como a sexualidade era abordada na educação de seus avós, de seus pais e, como vimos no exemplo anterior, em sua própria infância, os professores parecem viver uma espécie de nostalgia. Essas lembranças voltam-se a uma época em que a sexualidade era marcada por um caráter moralista e conservador que impedia que o tema fosse discutido abertamente. Como bem ressaltam os entrevistados, mesmo quando o assunto era tomado pelo viés educativo, isso se dava de modo restrito, geralmente vinculado a uma visão biológica.

Outro fator que veio impor a marca da mudança foi o avanço tecnológico e midiático. A esse respeito, um professor afirma que atualmente:

Não há como fechar os olhos para a sexualidade. As crianças têm acesso a cenas, que são transmitidas em novelas e filmes da sessão da tarde, que na época da minha mãe eram proibidas... Algumas perguntas que elas fazem sobre sexo hoje, se eu fizesse na minha infância, eu apanhava na boca.

Outra professora se pronuncia dizendo que:

Antigamente, quando uma mãe se dispunha a falar sobre sexo com uma filha, sempre a questão era posta no sentido genérico e hipotético, quase sempre tomando-se como exemplo o que acontecia na casa do outro. Na escola, não era diferente. As coisas eram ditas no plano das ideias, como se professores e alunos, naquele instante, fossem assexuados. Hoje, este distanciamento não é mais possível, o aluno convoca o professor a se colocar, a falar de si.

São discursos que atestam a necessidade de uma problematização do tema e de uma ampliação de seus significados, a fim de propiciar ao professor uma compreensão mais aprofundada sobre a função da sexualidade no desenvolvimento infantil e de suas implicações para o campo subjetivo e também cognitivo da criança, além de auxiliá-lo a se implicar em sua ação e em sua fala, e a autorizar-se em sua prática.

Nesse sentido, a psicanálise tem trazido muitas contribuições para o campo da educação, sobretudo a partir da teoria freudiana, ao descrever as fases do desenvolvimento psicossexual infantil, oferecendo subsídios para que professores conheçam o processo de constituição de seus alunos, desde as primeiras experiências de satisfação do bebê, até que, posteriormente, sejam capazes de entrever uma articulação mais clara entre as investigações sexuais infantis e sua conexão com o campo dos saberes.

O desenvolvimento da sexualidade na criança

Partimos dos conceitos-chave de Freud acerca do que se considera próprio da sexualidade para distinguir o termo *sexual* daquilo que se entende no senso comum como relativo a sexo, ou seja, restrito à cópula. Como dito anteriormente, em psicanálise o termo se amplia: a sexualidade é concebida como algo instituído sobre o primado das mesmas leis que regem o circuito da linguagem.

Outra grande contribuição trazida pela psicanálise, sob a pena de Mrech (2005, p. 22), é a concepção de um saber que "não diz respeito a algo que se repete, mas a um saber em movimento. Um saber que não é tecido a partir do lugar do mestre, mas do saber inconsciente, um saber descentrado que conduz o sujeito, antes de ser conduzido por ele".

Marca-se, dessa forma, uma diferença entre saber e conhecimento, mas, ao mesmo tempo, uma relação intrínseca entre ambos, uma vez que consideramos o processo de constituição cognitiva em articulação com o processo de constituição psíquica, tal como descrito na obra freudiana.

Freud nos dá mostras dessa articulação ao lançar seu olhar sobre a sexualidade infantil, buscando distinguir o que constitui o campo biológico e psíquico no que concerne à sexualidade, desvinculando-a de um fator meramente desenvolvimentista e admitindo sua influência decisiva para a formação dos sintomas.

Ao fazer isso, ele introduz a dimensão da linguagem na discussão, começando por circunscrever o estatuto do falo nesse processo, questão que será desenvolvida em textos como *Três ensaios sobre a teoria da sexualidade* (1905), *O esclarecimento sexual da criança* (1907), *Teorias sexuais infantis* (1908), *Leonardo da Vinci, uma lembrança de infância* (1910), *A organização sexual infantil* (1923) e *A dissolução do complexo de Édipo* (1924), entre outros, nos quais ressalta a influência do significante, ao verificar que a capacidade do sujeito em constatar a diferença sexual não estava associada à observação direta da anatomia, mas dependia de uma operação lógica.

Vale ressaltar que também não se trata de uma equivalência entre *sexual* e *genital*, como bem demarca Kupfer (2007, p. 39), ao afirmar que no pensamento freudiano esses dois termos não se confundem:

> A sexualidade genital diz respeito à cópula com o objetivo de procriar ou de obter prazer orgástico. Mas a sexualidade é mais ampla que a sexualidade genital. Inclui as preliminares do ato sexual, as perversões, as experiências sensuais da criança vividas em relação ao seu próprio corpo ou em contato com o corpo da mãe.

Entretanto, constatamos pelo relato dos professores entrevistados o quanto essa distinção é desconhecida, mesmo entre os profissionais da área de educação. De modo geral, as pessoas tendem a associar sexualidade a sexo, o que gera uma série de pré-julgamentos, sobretudo quando se veem diante de manifestações sexuais em crianças.

Partindo da equivalência entre sexualidade e sexo, é comum que se conceba suas manifestações apenas na adolescência ou, quando muito, na puberdade. Qualquer sinal que surja antes tende a ser mal interpretado e repudiado pelo adulto, como nos casos de masturbação infantil ou de interesse em conhecer o corpo dos demais colegas, como ocorre por vezes na educação infantil, desconcertando e preocupando tanto os professores desse segmento.

O que não se sabe é que essas investigações infantis fazem parte do desenvolvimento normal e que se iniciam muito antes do que se imagina, ou seja, já nas primeiras relações da criança com o adulto, como bem alerta Kupfer (2007, p. 39):

A amamentação, nesse sentido, é entendida já como uma experiência sexual, geradora de prazer para a criança que suga e até mesmo para a mãe que amamenta. Não se veja aí qualquer sinal de perversão no sentido usual do termo, e sim um exercício prazeroso que o contato corporal proporciona.

O próprio Freud, no início de seus estudos sobre a histeria, chegou a pensar que a sexualidade fosse inerente ao período da puberdade, mas logo teve de abandonar sua hipótese inicial, diante do relato de suas pacientes que se referiam a fantasias de sedução durante a infância. Assim, Freud foi levado a aprofundar sua pesquisa, culminando na formulação da teoria da sexualidade infantil, pelo que foi bastante criticado na época.

Seus estudos resultaram nos *Três ensaios sobre a teoria da sexualidade*, em que descreve o caráter do que denominou como pulsão, do qual derivou o conceito de pulsões parciais. Ademais, Freud (1905) descreve o que considera "manifestações da sexualidade infantil", situando sua origem no prazer extraído pelo lactente no chuchar, que aos poucos vai se ampliando na busca de outros objetos de satisfação.

> Uma parte dos próprios lábios, a língua ou qualquer outro ponto da pele que esteja ao alcance – até mesmo o dedão do pé – são tomados como objeto sobre o qual se exerce essa sucção. Uma pulsão preênsil surgida ao mesmo tempo pode manifestar-se através de puxadas rítmicas simultâneas do lóbulo da orelha e apoderar-se de uma parte de outra pessoa (em geral, a orelha) para o mesmo fim. O sugar com deleite alia-se a uma absorção completa da atenção e leva ao adormecimento, ou mesmo a uma reação motora numa espécie de orgasmo.

O que está em jogo aqui é uma das especificidades da pulsão, ou seja, o fato de não se dirigir a outra pessoa, mas de buscar satisfazer-se no próprio corpo. Além do autoerotismo, Freud (1905) destaca ainda outras duas características da manifestação sexual infantil. Por um lado, o fato de não ter um objeto próprio, apoiando-se sobre funções somáticas vitais, como comer ou evacuar, por exemplo, e, por outro lado, por estar sob o domínio de uma zona erógena.

Freud (1905, p. 61) define zona erógena como "uma parte da pele ou da mucosa em que certos tipos de estimulação provocam uma sensação prazerosa de determinada qualidade", destacando o caráter rítmico envolvido e ressaltando que, embora a "propriedade erógena" possa se ligar a qualquer parte do corpo, é comum que durante os anos iniciais da infância esteja centralizada na região oral, anal e genital, sobretudo por serem regiões estimuladas enquanto os cuidados básicos são dispensados à criança nessa fase.

Freud (1905) ressalta que mais importante que a parte do corpo é a qualidade do estímulo vivenciada. Estabelece assim a série que liga a boca ou zona labial com a alimentação; a zona anal com os distúrbios intestinais presentes na infância, marcados por eventos como a retenção das fezes, por exemplo; e a zona genital, cuja fonte de prazer é desencadeada pela fricção manual ou pressão, ocorrida a princípio de maneira não intencional, mas que posteriormente pode se tornar objeto de constante exploração a partir da masturbação infantil.

Das três manifestações descritas, percebemos que apenas esta última parece ser reconhecida pelos professores como uma fonte de preocupação diretamente relacionada a uma manifestação sexual, embora vejamos agora o quanto há de sexualidade embutida nas etapas anteriores.

As experiências vividas pela criança em cada um desses momentos podem ser agrupadas naquilo que Freud (1905) denomina como organizações pré-genitais, ou seja, características daquilo que ainda não é genital, delimitando o que se conhece também como *fases do desenvolvimento libidinal infantil*, ou ainda *fases do desenvolvimento psicossexual*, que abarcam a fase oral, anal e fálica, trazendo algumas características particulares que podem ser vistas não só no tipo de relação que a criança estabelece com o próprio corpo e no modo como obtém prazer com ele, mas em especial no tipo de relação que estabelece com o outro.

Percebemos assim o quanto na fase oral a criança se desloca daquilo que a princípio era uma total dependência do adulto, passando gradativamente a uma posição que lhe permite partir em busca de novos objetos de satisfação não apenas para as necessidades fisiológicas, mas também para o avanço no campo das relações sociais e motoras. Também é interessante demarcar o papel que os alimentos, e também outros objetos ligados à boca, ocupam nessa transição de um momento ao outro, na relação da criança com o adulto.

Na escola é comum percebermos como isso ocorre pelo modo como a criança será capaz de lidar com o distanciamento do espaço familiar, especialmente da mãe, e como a partir daí estabelecerá novos laços com o outro no ambiente escolar. O principal objeto que liga a criança ao mundo é a boca e tudo o que estiver relacionado a ela. Assim, é lógico que a alimentação seja o vínculo maior que se estabelecerá entre ela e o outro, bem como o choro, que é usado para comunicar as sensações de desprazer que acometem a criança.

Na passagem do peito para a mamadeira, do leite para a papinha, dos alimentos pastosos para os alimentos sólidos, da chupeta para o mordedor; do mordedor para o braço do colega; da mordida para a fala; muitas coisas ocorrem, demarcando o posicionamento de ambos os personagens envolvidos em relação não só ao próprio corpo, mas principalmente em relação aos limites, às perdas e aos ganhos obtidos com o desenvolvimento.

É certo que para crescer a criança deve aprender a deixar algo passar, a fim de adquirir novos objetos, novas conquistas e, nesse aspecto, o adulto tem uma importante função, que é a de ser transmissor de uma lei que barra aquilo que denominamos anteriormente como satisfação autoerótica. Estimular a criança a se separar gradativamente da dependência inicial, que a coloca quase fusionada ao adulto, de certa maneira implica abdicar de um gozo que também afeta quem cuida da criança, mas que é uma abdicação necessária a fim de inscrevê-la numa ordem de filiação mais ampla.

No âmbito educacional nos deparamos com as dificuldades que essa separação simbólica pode acarretar especialmente para as mães, quando vemos o quanto é difícil deixar seus filhos aos cuidados de outra pessoa, e o quanto os objetos propiciadores de uma satisfação oral entram nesse momento quase que para assegurar a incapacidade de a criança sobreviver longe dos cuidados maternos. Exemplo disso se vê na insistência em manter o uso de chupeta, ou mesmo de fraldas, quando a criança já dá mostras de estar adaptada e em busca de maior independência.

Outra realidade bastante comum nas escolas, que envolve crianças pequenas e se constitui em algo com o que nem todos os educadores sabem lidar, é o caso das mordidas. Elas também são reflexos da erotização da região oral que, com o surgimento dos dentes, passa a se especializar, dando margem para manifestações de prazer, mas também de agressividade. E agressividade aqui não significa algo negativo, como muitos podem pensar, mas sim um impulso à vida, uma busca daquilo que se deseja, sendo, portanto, algo positivo. A criança nessa fase não dispõe de outros recursos que não a boca para manifestar aquilo que quer, ela começa chorando e é normal que, tão logo perceba a força de seus dentes, queira utilizá-los como ferramenta para chegar ao que deseja. Caberá ao adulto, entretanto, a função de lhe apresentar outros instrumentos, sobretudo a fala.

Nessa perspectiva, talvez mais importante que pensar na criança que morde seja pensar naquela que é mordida e nada faz. Geralmente, vemos professores agirem de modo enérgico com as crianças que mordem, muitas vezes chegando a estigmatizá-las, mas se esquecendo de que devem também auxiliar a outra parte envolvida, ensinando-a a se defender e a se impor, a fim de criar mecanismos de defesa que a permitam se proteger quando o adulto não estiver por perto.

A fase seguinte é a anal. A esse respeito, Freud (1905, p. 64) fornece muitas pistas ao educador que deseje entender melhor seus alunos:

> As crianças que tiram proveito da estimulabilidade erógena da zona anal denunciam-se por reterem as fezes até que sua acumulação provoca violentas contrações musculares e, na passagem pelo ânus, podem exercer uma estimulação intensa na mucosa. Com isso, hão de produzir-se sensações de volúpia ao lado das sensações dolorosas. Um dos melhores presságios de excentricidade e nervosismos posteriores é a recusa obstinada do bebê a esvaziar o intestino ao ser posto no troninho, ou seja, quando isso é desejado pela pessoa que cuida dele, ficando essa função reservada para quando aprouver a ele próprio.

Percebemos outra importante característica dessa fase e que está relacionada à busca de independência por parte da criança, de maneira mais efetiva. Trata-se de uma fase que coincide com a época da retirada das fraldas e na qual, para além dos ganhos fisiológicos adquiridos a partir do controle dos esfíncteres, ocorre uma aquisição bastante significativa do ponto de vista psíquico. Ou seja, observamos que essa fase põe a criança diante da divisão entre os pares opostos do que se constitui como passividade ou atividade em termos sexuais, como prenúncio do que mais tarde virá a se estabelecer como o feminino e o masculino.

A criança buscará se afirmar sobre uma ou outra posição, experimentando situações em que possa se sentir com o controle não só sobre os seus produtos internos, mas também sobre os externos. É comum observar um movimento de oposição que surge nessa época em relação às colocações dos adultos, muitas vezes interpretado como "birras", e que, na verdade, reflete o movimento da criança na tentativa de se afirmar como um sujeito ativo em seu meio, como alguém que começa a descobrir e a extrapolar os limites de seu próprio corpo e do espaço que o rodeia.

Outro fator relevante para a educação diz respeito ao caráter assumido pelas fezes, que passam a ser vistas como parte do próprio corpo da criança, sendo tomadas como um produto ou, nas palavras de Freud (1905, p. 64), como o primeiro "presente" que ela oferta ao mundo em busca de reconhecimento:

> [...] ao desfazer-se dele, a criaturinha pode exprimir sua docilidade perante o meio que a cerca, e ao recusá-lo, sua obstinação. Do sentido de "presente", esse conteúdo passa mais tarde ao de "bebê", que, segundo uma das teorias sexuais infantis, é adquirido pela comida e nasce pelo intestino.

Dando sequência às fases descritas por Freud, adentraremos enfim naquela que traz mais dúvidas ao professor que lida com crianças na faixa etária entre 4 e 6 anos, ou seja, a fase fálica. Também conhecida no meio educacional como a fase dos *"porquês"*, das investigações sexuais e da masturbação infantil.

Pouco compreendida pelos educadores, presta-se a muitos equívocos que permeiam a relação do adulto com as crianças, indo da omissão até mesmo à aplicação de punições. O fato é que a criança que envereda por esse campo desconhece o caráter genital da sexualidade, o qual só será adquirido futuramente. A principal ferramenta em ação nesse período é a curiosidade. A criança tem a necessidade de entender o sentido de sua existência e de tudo o que está ao seu redor. Ela quer entender como as coisas funcionam, incluindo o próprio corpo.

É muito interessante percebermos que é nessa curiosidade sobre a própria sexualidade que reside o *gérmen* para a entrada da criança no campo da pesquisa, e veremos que é a partir do texto sobre as *Teorias sexuais infantis* que Freud (1908) vai demarcando mais claramente o fator sexual como a mola propulsora do desenvolvimento intelectual.

Ao se deter sobre esses estudos freudianos, Kupfer (2007) destaca o interesse de Freud em conhecer o que habilitaria uma criança para o mundo do conhecimento e quais seriam os determinantes psíquicos que a levariam a ser um "desejante de saber".

Nessa direção, a ênfase das discussões freudianas sobre a sexualidade recairá, nesse momento, sobre a relação da criança com os pais e sobre os efeitos que uma ameaça da perda do amor parental poderá acarretar sobre o pequeno *infans* – ameaça esta relacionada, segundo Freud (1908), à chegada de um novo bebê à família.

Ao mesmo tempo, Freud buscará estabelecer os laços que unem a constituição cognitiva à constituição psíquica, começando por destacar que serão as emoções e a capacidade de pensamento, aguçadas nesse período, que permitirão à criança empreender-se em direção à busca de um sentido para a sua existência – a princípio, por meio das investigações sexuais e, posteriormente, a partir da formulação das teorias sexuais infantis, para culminar na sublimação, na qual veríamos os desdobramentos desse processo sobre o campo intelectual.

Assim, para Freud (1908, p. 215), a curiosidade sexual se estabelece não por "alguma necessidade inata de causas estabelecidas; surge sob o aguilhão dos instintos egoístas que dominam a criança, quando é surpreendida – talvez ao fim do seu segundo ano – pela chegada de um novo bebê".

Freud (1908, p. 216) descreve que é "sob a instigação desses sentimentos e preocupações, que a criança começa a refletir sobre o primeiro grande problema da vida e perguntar a si mesma: *'De onde vêm os bebês?'*". Ao introduzir essa questão e endereçá-la aos adultos, sobretudo aos pais a quem supõe um saber, a criança não almeja apenas resolver o enigma do nascimento dos bebês. Trata-se antes de um momento no qual ela se vê confrontada como sujeito ao desejo do *Outro parental*, o que significa estender a questão inicial *"De onde vêm os bebês"* para *"O que você quer de mim além daquilo que demanda?"*, ou ainda *"De que desejo eu nasci?"*.

Trata-se de um ponto concernente ao próprio processo de constituição do sujeito. Processo no qual a criança passaria de um primeiro momento de puro narcisismo dual, de completa alienação ao Outro materno, para um segundo estádio, caracterizado pelo complexo de Édipo, o que instituiria uma relação triádica, havendo a atuação de um terceiro elemento interditor da mônada mãe-criança, possibilitando, assim, a instauração do desejo.

É na passagem do primeiro momento desse processo à conclusão de seu segundo tempo que se colocará por parte da criança uma série de perguntas endereçadas ao adulto, e que refletem que o sujeito barrou, de alguma forma, o lugar do Outro até então absoluto.

Freud nos traz a questão acerca da origem dos bebês, mas outras perguntas podem ser contadas como equivalentes simbólicos dessa primeira, as quais em sua essência estão relacionadas à busca de um sentido, das origens e dos fins.

De todo modo, o que a teoria freudiana constata é que as respostas obtidas pela criança resultam falhas. Trata-se de um processo que culminará no que Freud (1908, p. 217) denominou de "a primeira decepção da criança", ou seja, quando, diante das respostas evasivas, repressivas ou mitológicas dos adultos, "as crianças começam a desconfiar e a suspeitar que estes lhes escondem algo proibido, passando como resultado a manter em segredo suas investigações posteriores", por exemplo, a partir da formulação das teorias sexuais infantis, consistindo nisto sua primeira tentativa de autonomia intelectual.

Segundo Lemérer (1999, p. 14), as respostas dadas pelos adultos às questões dirigidas pelas crianças resultam insatisfatórias por não fazerem outra coisa que "rodear e escavar o lugar de uma falta, a falta de resposta que ofereceria ao sujeito o acesso ao saber e ao gozo sexuais". Resultam insatisfatórias porque quanto mais a criança busca esse saber, mais se defronta com a impossibilidade de saber sobre o sexo, produzindo-se, a cada tentativa de fechamento, um furo de saber.

Para Freud (1908, p. 222), "essas hesitações e dúvidas tornam-se, entretanto, o protótipo de todo trabalho intelectual posterior aplicado à solução de problemas, tendo esse primeiro fracasso um efeito cerceante sobre todo o futuro da criança". No texto *O esclarecimento sexual da criança*, Freud (1907) já assinalava os efeitos de verdade que se produzem sobre o sujeito a cada vez que algo de seu saber fracassa e que, nesse caso, o levarão a sua primeira tentativa de autonomia intelectual a partir da criação das teorias sexuais infantis. Nobre (1993, p. 30) acrescenta, a esse respeito, que, "na insuficiência de um saber, o desvelamento de uma verdade se impõe, empurrando o sujeito a buscar no Outro, pelas vias da suposição de um saber todo, a resposta que lhe falta".

Assim, segundo Lemérer (1999, p. 17), "as investigações sexuais infantis são efetivamente dirigidas a conquistar o saber proibido de que os adultos supostamente podem desfrutar. Visam o gozo, isto é, a conquista de um saber que viria conjugar o sujeito com seu ser sexuado, o que é impossível". Para a autora, ao se deparar com essa impossibilidade, a criança se mantém na expectativa de que algum dia esse saber lhe seja concedido. E é o defrontamento com a incompletude do Outro, por sua vez, que lhe suscitará uma insaciável sede de saber. Como decorrência dessa operação, a atividade intelectual da criança não se limitará somente a corresponder ao desejo do Outro, à imagem esperada pelas figuras parentais, mas, em especial, encontrar-se-á agora a serviço do desejo de saber.

Essas teorias se constituem basicamente na crença das crianças na indiferenciação sexual anatômica, a qual traz como consequência a atribuição da posse de um pênis tanto para homens como para mulheres; na teoria cloacal, que supõe que os bebês sejam expelidos como excremento, numa evacuação; e, ainda, na crença da concepção sádica do coito.

Na cena[2] abaixo, coletada por Paltronieri (2013) numa sala de aula com crianças na faixa etária de 4 e 5 anos, vemos um exemplo de como a primeira teoria discutida por Freud (1908) se mantém atual, estando presente ainda hoje no imaginário infantil, ao mesmo tempo que sua manifestação no âmbito educacional continua a revelar o desconhecimento por parte de muitos professores das características do desenvolvimento psicossexual da criança.

---

[2] Cena observada e registrada no decorrer do Estágio Supervisionado de uma de nossas orientandas: PALTRONIERI, Caroline. *Sexualidade na escola*: as intervenções do professor e as hipóteses das crianças. São Paulo: ISESP Singularidades, 2013.

Trata-se de uma situação na qual um garoto de 4 anos e meio estava desenhando sua família, atribuindo um pênis não só para o pai e para o irmão mais novo, como também para a mãe. Sem entender o que seria aquele atributo colocado entre as pernas de todos os desenhos, a professora intervém perguntando:

Professora: *O que é isso que você desenhou?*
Aluno: *Minha família.*
E, apontando para seu desenho, a criança explica: *Mamãe, papai e o meu irmão.*
Professora: *Entendi. Mas o que é isso que você fez no meio das pernas das pessoas?*
Aluno: *É o pipi deles.*
Professora: *Como assim o pipi? Sua mãe tem pipi?*
Aluno: *Ah, professora, ainda tá crescendo o pipi da mamãe. Ainda é pequeno, mais vai ficar que nem o do papai.*
Professora: *Quem te falou isso, menino? Isso não é verdade! Sua mãe não tem pipi, ela tem outra coisa.*
Aluno: *Que coisa?*
Professora: *Ah, isso não convém a você! É assunto de gente grande, não é pra você!*
Aluno: *Por quê? Como é o nome do que a mamãe tem?*
Professora: *Você está me deixando brava, menino! Já disse, vai fazer coisas para a sua idade.*
Aluno: (com a cabeça baixa) *Tá bom!*
Professora: *Ótimo! Pessoal, vamos arrumar a sala para irmos para o parque.*

O garoto em questão se encontra na fase fálica do desenvolvimento psicossexual descrito na abordagem freudiana e, como tal, está em busca de estabelecer uma lógica para o funcionamento das coisas e pessoas do mundo que o rodeia. A questão da falta ainda é algo difícil de equacionar, tanto do ponto de vista psíquico quanto do cognitivo, assim, a atribuição de pênis para pessoas tanto do sexo masculino quanto do sexo feminino é normal e comum entre as crianças. Mesmo que muitas delas sejam capazes de identificar a falta do órgão sexual masculino em si, nas mães ou em outras meninas, elas mantêm a crença de que o pênis deveria estar ali e levantam a hipótese de que se não está é porque fora cortado, como punição por um ato cometido, ou, como no caso do garoto citado, porque ainda vai crescer.

Para Freud (1908), embora essas teorias construídas pelas crianças sejam falsas, "cada uma delas contém um fragmento de verdade" que possibilita que o sujeito prossiga em sua busca de saber, produzindo conhecimento a partir do confrontamento entre suas hipóteses, a observação factual e, simultaneamente, aquilo que se coloca como impossível na decifração do sujeito diante do sexual, gerando um enigma que o impulsiona em sua pesquisa.

Quando observamos a intervenção da professora, podemos perceber que ela desconhece o funcionamento psicossexual da criança nessa fase, o que a faz responder com base nas suas próprias representações e pautada num caráter moralizante. A importância de discutir como se estrutura o campo sexual na infância e quais são suas manifestações no espaço escolar dá-se justamente para que o professor possa se desprender de seu egocentrismo e buscar analisar a situação sob o prisma da criança, compreendendo a lógica por meio da qual ela faz a leitura do mundo ao seu redor.

É necessário ainda que o adulto atribua aos conteúdos relacionados à sexualidade o mesmo valor que agrega aos demais conteúdos desconhecidos pela criança, não os potencializando, nem os denegrindo ou negando. Nessa faixa etária, a criança não sabe sobre astrofísica, biologia, química, assim como também desconhece como os bebês vão parar nas barrigas de suas mães e como saem de lá. Por isso perguntam! Entretanto, sabemos que a resposta será muito mais fácil para o adulto quando disser respeito às outras questões e não à sexualidade. E por que isso acontece? Porque o adulto também depara com um não saber quando confrontado com o tema da sexualidade, e é muito difícil lidar com aquilo diante do que não temos certezas, ainda mais quando estamos no papel de professores, supostamente aqueles que têm as respostas para tudo.

Vamos tentar compreender um pouco mais sobre como a criança funciona perante o enigma da sexualidade ao ser inserida no campo da linguagem e na dialética da castração, resultando na prevalência da ordem fálica, como vimos na primeira teoria infantil articulada, isto é, a atribuição de um pênis a todos os seres. Isso é importante pois muitas pessoas acreditam que a atribuição de um pênis ou uma vagina é uma questão óbvia, dependente exclusivamente de uma constatação perceptiva. Freud (1923), porém, desconstrói essa concepção ao afirmar que para a criança o que está em jogo não é a primazia dos órgãos genitais, mas a primazia do falo e a potência que lhe é atribuída.

Freud (1908, p. 220) situa que no caso da menina se estabelece uma equivalência entre pênis e clitóris, sendo este último o que "produz excitabilidade conferindo à atividade sexual da menina um caráter masculino".

É relevante marcar que a criança, embora já tenha se deparado com a diferenciação sexual, acredita que sua mãe ainda é possuidora de um pênis, o que a impede de concluir satisfatoriamente suas hipóteses acerca da concepção dos bebês. A esse respeito, Freud (1923, p. 183) descreve que:

> Mulheres a quem a criança respeita, como sua mãe, retêm o pênis por longo tempo. Para ela, ser mulher ainda não é sinônimo de não ter pênis. Mais tarde, quando a criança retoma os problemas da origem e nascimento dos bebês e advinha que apenas as mulheres podem dar-lhes nascimento, somente então também a mãe perde seu pênis.

Essa questão da dialética fálica, do ter ou não ter o falo, permanece mesmo após a dissolução do complexo de Édipo, como o pivô de toda articulação da sexualidade e, inclusive, no que esta se associa ao interesse pela pesquisa e pelo conhecimento. É precisamente em *Leonardo da Vinci e uma lembrança de infância* que Freud (1910) relaciona de forma mais veemente a questão da sexualidade à relação com a figura materna e à construção do conhecimento, buscando delimitar de que maneira o contato privilegiado de Leonardo com sua mãe e seu provável empreendimento em investigações sexuais durante a infância mostraram-se cruciais para o desenvolvimento de sua genialidade artística e científica.

Nas palavras de Freud (1910, p. 72), "a pesquisa psicanalítica oferece-nos a explicação completa mostrando que a maioria das crianças, ou pelo menos as mais inteligentes, atravessa um período de pesquisas sexuais infantis". Freud (1910, p. 73) acrescenta que, por ocasião das investigações sexuais, as crianças "já têm uma noção do ato sexual, que lhes parece ser alguma coisa hostil e violenta. Mas como a sua própria constituição sexual ainda não atingiu o ponto de fazer bebês, sua investigação sobre o problema da origem dos bebês acaba também sem solução, sendo finalmente abandonada".

Na sequência desse processo, as forças psíquicas instintivas são transformadas, possibilitando à criança se enveredar pelos caminhos do desenvolvimento intelectual, agora por meio de investigações aceitas socialmente. Essa operação é denominada por Freud (1910, p. 72) como sublimação, o que consistiria na "substituição do objetivo imediato da pulsão por outros desprovidos de caráter sexual e que pudessem ser mais altamente valorizados".

Para explicar como se dá essa transformação, Kupfer (1992) sustenta que, ao final da época do conflito edipiano, parte da investigação sexual cai sob o domínio da repressão, sendo o restante sublimado em pulsão de domínio e pulsão de ver. Enfatiza ainda que essas pulsões serão os instrumentos fundamentais para o desenvolvimento intelectual da criança, a partir do momento em que, transformadas pela sublimação, manifestam-se no prazer de pesquisar, no interesse pela observação da natureza, no gosto pela leitura, entre outros.

Sobre a pulsão escópica, Freud (1910, p. 89) nos diz que ela se encontra atuante antes mesmo que a criança seja dominada pelo complexo de castração, o que a impele a mover sua curiosidade para o órgão sexual materno, que supõe ser um pênis, articulando-se, muitas vezes, uma atitude reivindicatória ou mesmo de confronto por parte da criança em relação à mãe, sobretudo no caso das meninas.

Freud (1924) afirma que, se por um lado a ausência de um pênis coloca a questão da castração para a menina como um fato consumado, ao passo que para o menino se apresenta a constante ameaça ante a perda do órgão, por outro não é sem resistências que a menina se defronta com a falta de um pênis.

> A renúncia ao pênis não é tolerada pela menina sem alguma tentativa de compensação. Ela desliza – ao longo da linha de uma equação simbólica, poder-se-ia dizer – do pênis para um bebê. Seu complexo de Édipo culmina em um desejo, mantido por muito tempo, de receber do pai um bebê como presente – de dar-lhe um filho. (Freud, 1924, p. 223)

Num trecho seguinte, Freud (1924, p. 223-224) pontua que esses "dois desejos – possuir um pênis e um filho – permanecem fortemente catexizados no inconsciente e ajudam a preparar a criatura do sexo feminino para seu papel posterior". Portanto, Freud (2010) descreve três caminhos possíveis a serem tomados pela pulsão de saber, após caírem sob a repressão sexual: um que consiste na sublimação da avidez de saber, da *Wissbegierde*, que escapa ao recalque, permitindo que a pesquisa intelectual não repita o fracasso das investigações sexuais infantis, já que ela desvia a pesquisa de seu fim sexual – o que ocorre, por exemplo, com Leonardo da Vinci. Outra possibilidade que se coloca é que o processo investigativo da criança se torne equivalente à sexualidade, devendo como tal ser também recalcado. O desejo de saber permanecerá desde então inibido e a livre atividade da inteligência limitada, talvez para sempre. Há ainda uma terceira saída possível, isto é, que a atividade intelectual escape ao recalcamento, mas que permaneça secretamente ligada à busca do gozo sexual, que era objetivo das primeiras investigações, levando o sujeito a repetir o fracasso experimentado quando na busca de resposta ao enigma de sua existência, empreendendo-se numa busca sem fim de algo que se coloca cada vez mais distante, mas que por outro lado se coloca como o motor de suas pesquisas. Este parece ser um dos destinos adotados em alguns casos de superdotação. Sublimação, inibição e compulsão seriam, então, as três vicissitudes da *Wissbegierde* após a repressão sexual.

Sexualidade, desejo de saber e aprendizagem

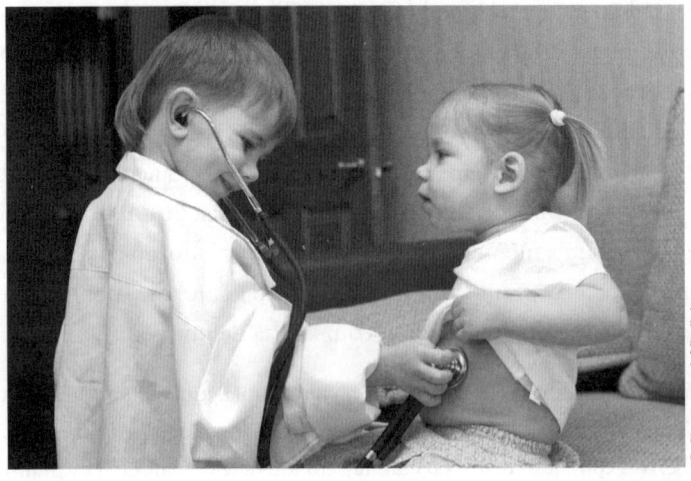

Para compreendermos melhor a associação entre sexualidade e aprendizagem, faz-se necessário voltarmos ao texto de Kupfer (1992) a fim de precisarmos ainda algumas questões, especialmente no que diz respeito ao desejo de saber e ao seu significado em psicanálise, que se distingue do senso comum por envolver aspectos relacionados ao funcionamento do inconsciente, e não simplesmente um ato de vontade, sobre o qual o sujeito tem domínio.

Nessa perspectiva, Kupfer (1992, p. 86) situa o momento de defrontação da criança em relação ao desejo do Outro não a partir de "um acontecimento fortuito, uma percepção imposta pela realidade, o nascimento de um irmãozinho...", mas a partir do desejo de ver, da pulsão de ver da qual a criança deveria estar imbuída. Uma vez colocado esse desejo para a criança, esta se encontraria diante de uma carência, diante de uma ignorância do saber.

Para Kupfer (1992, p. 87), o descobrimento da criança no que se refere à ausência de pênis a leva, normalmente, "a atravessar o complexo de castração, a reconhecer a 'carência' como causa de seu desejo sexual. Mas também a leva a reconhecer sua 'carência de saber' como causa do desejo de ver que a levou a descobrir". Desse modo, ela conclui, citando Claveul, "o desejo de ver e de saber não é estruturalmente distinto do desejo sexual".

Como decorrência dessa equiparação, o que temos é que "o desejo que emerge da operação de castração é um desejo de ver ou de saber, que se transforma em seguida em desejo de nada saber" (Kupfer, 1992, p. 87). A partir dessa premissa, como se sustentariam então as teorias sexuais infantis?

Kupfer (1992) recorre aos textos de Masotta para afirmar que não haveria coincidência entre o saber, em seu sentido estrito, e o que Freud propõe a respeito da investigação sexual infantil.

> A criança, que é um investigador incansável de coisas sexuais, nada quer saber sobre aquilo mesmo que motiva sua investigação: a diferença dos sexos. [...] o sujeito nada quer saber (e por isso recalca) sobre a estrutura mesma da pulsão, pois, se aceitá-la, terá também de admitir que seu objeto é lábil, indefinível e, portanto inalcançável. (Masotta apud Kupfer, 1990, p. 89)

Deparamos, mais uma vez, com a noção de objeto perdido, o que funda toda labilidade do objeto pulsional. E assim Kupfer (1990, p. 91) aponta na direção do que se marcava no texto freudiano de 1910 como um furo do conhecimento em relação ao saber, diante do que as investigações sexuais infantis se encontrariam fadadas ao fracasso, tendo em vista que o objeto procurado jamais seria encontrado. E ainda que o fosse, isto se daria "de modo insatisfatório, incompleto, uma vez que algo sempre estaria sendo ocultado, mascarado, em benefício do próprio desejo do sujeito de não saber".

Visando dar suporte à teoria desenvolvida por Freud em relação à sexualidade infantil, Kupfer (1992, p. 90) recorre novamente a Masotta, dizendo que se verifica no referencial freudiano a presença de "um choque entre desejos: o da criança e o do Outro simbólico, representado pelos pais reais". É por isso, por essa falta estruturante que marca o sujeito como sujeito barrado, alienado em relação ao seu saber, que a investigação sexual da criança tenderá a se apagar sob o efeito do recalque, ainda que as questões sobre a sexualidade permaneçam de forma velada.

Seguindo nesse enfoque, Kupfer (1992, p. 90) distingue dois níveis de abordagem do sexual: o primeiro é circunscrito como o referente "às perguntas objetivas sobre a procriação, anatomia, e até sobre relações sexuais". Já o segundo é entendido como "bem diferente, articulado com as interrogações sobre o sujeito que está implicado em realidades como as da castração, do desejo inconsciente, da diferença dos sexos – todos eles problemas registrados no plano do inconsciente", sendo estes aos quais ela se refere ao dizer que as crianças nada querem saber a respeito.

Mas se o sujeito nada quer saber acerca da falta, dessa hiância que o funda, de que maneira podemos explicar seu empreendimento voraz nas questões sobre as origens e sobre a lógica que engendra o mundo e se arvora nas artes, e na própria ciência? O que estaria, então, implicado nas investigações sexuais infantis e em sua relação com a atividade intelectual da criança? Uma luz sobre a questão surge a partir dos textos de Piera Aulagner (1967/1980), para quem *"todo desejo de saber é um desejo de saber sobre o desejo"* (o grifo é nosso).

Nessa perspectiva, poder-se-ia dizer que se num primeiro momento a criança se descobre objeto do desejo da mãe, num segundo tempo, constatada a castração, o sujeito se depara com o fato de haver um desejo que preexistia ao seu nascimento e que, ao mesmo tempo, o transcende na atualidade. Isto é, ele não é o único objeto capaz de responder à falta do Outro e, pior, não há objeto passível dessa façanha, sendo essa descoberta o que despertará seu desejo de saber sobre o desejo do Outro e sobre o que fundamenta o seu próprio desejo. Vemos então que o sujeito não faz outra coisa que confirmar o destino da pulsão, ou seja, o de retorno ao próprio eu.

Para responder à pergunta sobre "como é possível passar do primeiro desejo, do qual não se quer saber, para o desejo de saber sobre a ordem do mundo", Kupfer (1990) recorre ao texto aulagneriano, para o qual a demanda de saber viria em substituição ao desejo de saber – este inconsciente –, sendo esse o processo atuante nas perguntas articuladas pela criança e envolvido em seu desenvolvimento intelectual. Sobre esse novo operador que nos é apresentado, Kupfer (1992, p. 101) se detém em sua tese, dizendo:

> É justamente porque não pode haver desejo de saber sobre o inconsciente que pode surgir, em seu lugar, uma demanda de saberes constituídos. O desejo não é enunciável, mas uma demanda o é, e o faz veiculando esse desejo. A noção de demanda é, então, o nosso x, a ponte que permite a passagem de um desejo de nada saber sobre o desejo inconsciente para um movimento de querer saber tudo sobre a ordem do mundo.

O que a demanda de saber visa é à dominação sobre o que se apresenta como desconhecido para o sujeito, sobre o que lhe escapa, sendo concernente a um real que nenhum conhecimento é capaz de abarcar, mas ao qual se oferecem objetos ilusórios que, ao menos momentaneamente, parecem responder ao vazio, mas logo se revelam insatisfatórios, levando o sujeito a demandar mais, e mais, saber.

Retornando a Freud (1910), a partir da sublimação, "parte do que seria a pulsão de investigação se sublima em pulsão de saber", e desse processo decorre que há uma divisão entre o material sublimado e aquele que sofre ação do recalque, sendo o conteúdo recalcado o que se refere ao saber sexual, que remete o sujeito a um período de sua constituição em que ainda não lhe era vedado o acesso ao primeiro objeto de seu amor e, simultaneamente, ao advento da interdição desse amor.

Kupfer (1990, p. 104) aborda esse momento dizendo que

> o que o sujeito obtém diante de sua demanda de saber é o Nome-do-Pai, a Lei do Pai, o "não tocarás nesta mulher" – colocado por Freud. Pedindo, ouve não. Eis a face "castradora" da Lei que o pai veicula. Eis a ação do recalque sobre as investigações sexuais infantis. Eis o que produz um desejo de nada saber.

No entanto, para que o sujeito possa se enveredar no campo do conhecimento, torna-se necessário que ele desvincule seus objetos de pesquisa de qualquer relação com esse saber – causa de horror e provido de conotação incestuosa. É nesse instante que se vê operar o fruto da sublimação, ou seja, a possibilidade de que um movimento transgressivo se articule no sentido de possibilitar ao sujeito se aventurar no campo dos saberes.

Relação professor-aluno

De tudo o que viemos discutindo sobre a organização sexual infantil e os mecanismos envolvidos na interface psiquismo-cognição, talvez o principal ponto a destacar seja a importância da relação com o Outro.

Definimos a sexualidade como algo que se inicia mesmo antes do nascimento da criança, a partir do lugar que lhe é reservado na fantasia dos pais e das representações e vivências edípicas deles. Logo, muito antes de se constituir um casal, cada um dos envolvidos, pai e mãe, foram filhos. Também tiveram de lidar com expectativas, limites, fracassos, dos quais ficaram marcas. Sobretudo quando se veem à espera de um filho, a representação mais forte que advém é aquela relacionada ao que é ser pai ou ser mãe, e o que esperar de um filho.

É esse lugar e anseio fantasiado que vai interferir no processo de constituição da criança, atribuindo-lhe um sentido, mesmo antes de ela nascer. É essa suposição de sujeito que transformará a criança num sujeito propriamente dito, inserindo-a no campo da linguagem e da cultura e, consequentemente, influenciando sua sexualidade.

Adentramos o campo do Complexo de Édipo, como marco decisório no processo de constituição do sujeito, o qual propiciará à criança sair do mundo de fantasia e adentrar no registro da realidade. Trata-se de um momento em que se estabelecerá uma interdição na relação entre mãe e criança, por parte de um terceiro elemento, constituído de modo geral pelo pai, mas também podendo se referir a alguém que exerça essa função.

Essa interdição levará a criança a entrar em contato com limites e regras que antes não era capaz de significar ou de aceitar. Esse período se inicia pelo desejo que a criança manifesta em relação ao progenitor de sexo oposto ao seu e pela rivalização e identificação com o progenitor de mesmo sexo. É um processo fundamental que permite à criança constituir-se menino ou menina, por meio da identificação com a mãe ou com o pai e ao mesmo tempo fazer a sua escolha sexual por um parceiro do sexo oposto. No segundo tempo desta conflitiva opera o recalque, que demarca a impossibilidade de a criança obter a satisfação do seu desejo com os pais, passando a investir o seu desejo em outros objetos, enquanto aguarda a maturidade genital para buscar um parceiro sexual. Assim, percebemos o quanto essa fase inicial da vida da criança poderá influenciar nas etapas seguintes do seu desenvolvimento, incluindo a entrada na escola.

Um dos conceitos-chave que vemos operar na escola e, mais especificamente, na relação professor-aluno é a transferência. Trata-se de um termo que advém da clínica psicanalítica, mencionado pela primeira vez em *A interpretação dos sonhos* e que consiste numa manifestação do inconsciente que se traduz na reedição de vivências passadas, geralmente na relação com as figuras parentais, mas em relações com outras pessoas na atualidade, podendo incluir um professor ou professora, por exemplo, e trazendo implicações para o processo de ensino-aprendizagem.

Nessa perspectiva, Kupfer (1992, p. 91) afirma que "na relação professor-aluno, a transferência se produz quando o desejo de saber do aluno se aferra a um elemento particular, que é a pessoa do professor". E a autora complementa, "transferir é então atribuir um sentido especial àquela figura determinada pelo desejo", o que significa se tornar depositário de algo que, na verdade, pertence ao aluno.

Kupfer (1992) ressalta que, ao ser apossado desse conteúdo, o professor se vê investido do poder advindo da importância que adquirirá para aquele sujeito. Assim, como desdobramento da transferência de sentido, teremos a instauração de uma transferência de poder. Ao ser colocado nesse lugar idealizado, o professor passa a constituir o cenário inconsciente do aluno, e o que quer que diga ou faça será tomado pelo aluno desse lugar. Para Kupfer (1992) é nessa relação que reside o sentido de professores que marcam de maneira especial a trajetória de alguns alunos, embora objetivamente não pareçam se distinguir em nada dos demais.

É necessário ainda deixar claro que o professor não tem nenhum controle sobre o modo como os alunos o tomarão nesse processo, ele pode apenas saber da existência desse processo e "suportá-lo". Kupfer (1992) chama a atenção para os riscos de o professor se deixar seduzir pelo poder auferido pelo aluno e fazer mau uso dele, o que cessaria o desenvolvimento do desejo de saber no aluno, impedindo-o de atuar como sujeito pensante e fazendo-o apenas reproduzir o ideal narcísico do professor.

Além disso, ainda é importante enfatizar que a relação do professor com o próprio objeto de estudo é um fator de crucial importância para a transmissão dos conteúdos pedagógicos, funcionando como uma mola propulsora para o desejo de saber do aluno.

Em suma, o que se deve demarcar é que, para além dos conteúdos pedagógicos, transmitem-se uma postura ética, valores, uma relação com o saber e com o desejo, difíceis de ser apreendidos conscientemente e que dependem da subjetividade do aluno, mas também do professor.

Se a relação professor-aluno estiver balizada por esses parâmetros éticos, admitindo a impossibilidade da transmissão de um saber absoluto e admitindo que tanto professor quanto aluno encontram-se submetidos a uma lei maior, que os marca como sujeitos faltantes, a relação de ensino-aprendizagem se fará de modo mais dialético e produtivo.

Como intervir pedagogicamente diante das manifestações de sexualidade infantil?

Para o educador que estiver preocupado em saber como agir diante das manifestações da sexualidade infantil, o primeiro alerta que damos é sobre o fato de não existir receitas prontas, cada caso é um caso, e o educador deve estar preparado para se deixar surpreender pelo novo e pelo inusitado, deixar-se questionar pela realidade tal como se apresenta, desprovido de pré-julgamentos e juízos morais. O mais importante, assim, é estar aberto a conhecer a criança, a compreender como ela funciona, a saber quem é sua família, e deixar-se tocar por aquela criança antes de invadi-la com teorias e representações pessoais.

Tendo esse alicerce estabelecido, podemos falar de algumas intervenções no âmbito pedagógico que temos utilizado com sucesso há vários anos.

É preciso respeitar as características de cada fase do desenvolvimento da criança, oferecendo acolhimento e, ao mesmo tempo, estabelecendo limites que lhe confiram segurança, além de dosar recompensas e frustrações de modo equilibrado. Isso é importante em todas as idades, mas principalmente no início da vida da criança. Na prática, implica sinalizar para a criança que ela tem a acolhida do adulto, mas sem que isso signifique que ela é incapaz de sobreviver sem ele. Trata-se de mostrar que a criança é forte o suficiente para lidar com as imposições do meio, e que este meio, por sua vez, não é algo aterrorizante.

Algumas considerações sobre a fase oral

Um exemplo de como podemos fazer isso se dá na relação entre o pequeno bebê e sua mãe, no período de amamentação. Se a cada vez que ele chora, a mãe lhe oferece o peito para mamar, o bebê criará com aquele peito uma relação de dependência. Ao passo que, se a mãe for capaz de lhe oferecer outros objetos e auxiliá-lo, gradativamente, a lidar com os momentos alternados de presença e ausência materna, esse bebê vai se fortalecendo e se tornando mais autônomo. Ao adentrar o espaço escolar, perceberemos essa capacidade de resiliência logo cedo, provavelmente no período de adaptação.

No que concerne aos objetos de apego que muitas crianças utilizam, como a chupeta, os "paninhos", ursinhos de pelúcia, entre outros mimos, é importante entendê-los como objetos de transição que auxiliam a criança a lidar com seus limites e com a ausência da figura materna, não devendo, portanto, ser retirados abruptamente, mas apenas quando a criança der mostras de que já é capaz de se relacionar com o novo ambiente de forma mais segura.

Assim, é comum ver as crianças chegarem à escola com a chupeta na boca, mas, tão logo começa a roda de conversa e a professora os convida a participar, a própria necessidade de falar e o incômodo por ter um objeto na boca confrontam a criança com uma dificuldade e com a necessidade de fazer uma escolha: para participar e conviver coletivamente, ela terá de abrir mão do seu gozo autoerótico e abdicar do uso da chupeta. Essa é a lógica do desejo e o que há de mais saudável no desenvolvimento humano.

Algumas considerações sobre a fase anal

Na etapa seguinte, quando a criança passa à fase anal, outras conquistas se darão a partir da capacidade de controle dos esfíncteres e da consequente retirada de fraldas, já mencionadas anteriormente.

Aqui é muito importante que o professor possa compreender a necessidade de a criança testar limites e oferecer-lhe um espaço de escolhas possíveis. Esses momentos podem incluir desde a escolha das roupas a serem usadas pelas crianças, até as atividades a serem realizadas em sala, os livros que serão folheados livremente, a possibilidade de a criança servir-se sozinha na hora das refeições etc. Também é importante delegar-lhe pequenas responsabilidades, como cuidar do seu brinquedo preferido; auxiliar nos cuidados com o próprio corpo, na hora de tomar banho, de fazer a higiene bucal; carregar sua pequena mochila, ao ir para a escola; guardar sua agenda; ajudar a recolher os brinquedos. Mesmo que essas atividades sejam desempenhadas com o auxílio do adulto, elas permitem à criança sentir-se empoderada naquele espaço, o que a auxilia na construção de sua identidade e em seu posicionamento diante do outro.

Na passagem da fase anal para a fase fálica, uma característica que começa a ficar mais presente na criança é sua capacidade de simbolizar, o que aparece muito fortemente nos jogos de faz de conta. Por meio desses jogos, a criança começa a internalizar elementos da cultura na qual está inserida e a representar papéis sociais.

Bastos e Dér (2005) descrevem por que são tão importantes os jogos de faz de conta, também conhecidos como jogos simbólicos, para a constituição da identidade da criança, destacando a possibilidade da interação com o outro, sobretudo quando o jogo se faz em grupo; o envolvimento do agrupamento das crianças em torno de temáticas semelhantes, cabendo a elas o exercício de estabelecer as distinções de papéis entre si, o que as auxilia no processo de diferenciação eu-outro; o próprio caráter que a capacidade de representar um papel adquire, ou seja, a condição de passar do ato motor ao mental e vice-versa.

Assim, à semelhança do que ocorre com a criança que é capaz de reconhecer-se como corpo concreto e ao mesmo tempo como imagem refletida no espelho, a criança no jogo de faz de conta entra em contato com a possibilidade de efetuar o desdobramento de si, reconhecendo-se como o sujeito que é e, ao mesmo tempo, como aquele personagem cujo papel representa no jogo.

Para Bastos e Dér (2005), o jogo de faz de conta possibilita, dessa forma, a incorporação do outro, viabilizando a ocorrência dos processos de interiorização e exteriorização, que se dão por meio da imitação e da reprodução, enriquecida dos modelos eleitos pela criança como tais. No jogo simbólico a criança não representa apenas personagens aleatórios ou relacionados a histórias de contos de fada, por exemplo, mas evoca características incorporadas na relação com as figuras que são mais representativas para ela.

Entretanto, trata-se de um momento de fantasia e de experimentação, por vezes incompreendido, por pais ou por professores, em especial quando as crianças utilizam vestimentas ou brinquedos que os adultos consideram adequados apenas para um dos sexos. É o caso de meninos que querem se fantasiar de princesas e/ou brincar de bonecas, ou de meninas que querem se fantasiar de super-heróis e/ou brincar de carrinhos.

Algumas considerações sobre faz de conta e gênero

Atrelado ao faz de conta, entram em cena as questões relacionadas a gênero, outro tema bastante presente no cotidiano escolar e que aflige professores, principalmente quando os pais interferem nas propostas pedagógicas da escola, buscando definir as brincadeiras e as atividades que julgam acarretar na orientação sexual de seus filhos.

De modo geral, a preocupação está relacionada mais aos meninos, quando começam a apresentar um interesse maior por brinquedos que socialmente são mais reservados a meninas, como bonecas, por exemplo, ou ainda, quando nos jogos de faz de conta, a criança se interessa por vestir-se com apetrechos do sexo oposto, gerando surpresa e indignação em quem as observa.

Discutiremos brevemente esse assunto, tendo como base os estudos desenvolvidos por Azevedo (2015), a fim de compreender como essas representações sobre o brincar e as questões de gênero se enlaçam no imaginário popular. Em sua pesquisa, a autora começa por demarcar as diferenças existentes entre sexo, gênero e identidade sexual.

No que concerne ao gênero, Azevedo (2015) recorre ao texto de Finco (2013, p. 6), que define o termo como "a condição social pela qual somos identificados como homens e mulheres", isto é, as características histórico-culturais que, incorporadas pelo sujeito, o definem como homem ou mulher, sendo que sexualidade é "a forma cultural pela qual vivemos nossos desejos e prazeres corporais" (Id., 2013, p. 6).

Identidade sexual se constitui, pois, através das formas como vivem sua sexualidade, com parceiros/as do mesmo sexo, do sexo oposto, de ambos os sexos ou sem parceiros/as. Por outro lado, os sujeitos se identificam social, historicamente, como masculinos ou femininos e assim constroem suas identidades de gênero. (Louro, 1997, p. 30)

Azevedo (2015) conclui que identidade sexual e identidade de gênero são conceitos diferentes e não estão necessariamente interligados; contudo, os discursos que acabam por entrelaçá-los de forma unívoca e sequencial baseiam-se na ideia de que comportamentos, preferências e opção sexual estejam intimamente ligados ao fator biológico e, em decorrência dessa perspectiva, criam-se diversos estereótipos que regem atividades masculinas e femininas e são naturalizados e viabilizados por grande parte da população, inclusive por profissionais da educação.

A associação desses conceitos é o que corriqueiramente promove e naturaliza o senso comum de que o ser com pênis (sexo) é masculino (gênero) e deve se sentir atraído sexualmente (desejo/sexualidade) por uma pessoa do sexo oposto. Segundo Miskolci (2005, p. 16), "essa associação nada tem de natural, ao contrário, baseia-se em um imperativo que determina um único modelo socialmente aceitável".

Em virtude dessa percepção de gênero como "papéis" sociais a serem desempenhados pelos sexos, Miskolci (2005) ainda nos afirma que as características atribuídas aos dois gêneros constituem-se como uma resposta imediata a esse sistema normativo, ou seja, se você não as possui, todo o esquema subsequente é invertido pelo indivíduo.

As preferências de comportamentos de meninas e meninos não são meras características oriundas do corpo biológico, são construções sociais e históricas, portanto, não é mais possível compreender as diferenças com explicações fundadas no determinismo biológico [...] se ser menina e ser menino fosse apenas uma construção biológica, não seria necessário tanto empenho para defini-los rotineira e reiteradamente como tais. (Finco, 2003, p. 5)

Azevedo (2015) salienta que, dentro do ambiente escolar, essas concepções, quando transmitidas por educadores e absorvidas pelas crianças, levam-nas a crescer acreditando em uma inverdade que é, muitas vezes, causadora da discriminação.

Miskolci (2005) nos diz que trabalhar as relações/identidades de gênero significa apenas e tão somente demonstrar que meninos podem ser também meigos e sensíveis, sem que isso possa "ferir" sua masculinidade, e que meninas podem ser agressivas e objetivas, além de gostarem de futebol, sem que essas características firam sua feminilidade.

Azevedo (2015) segue nos mostrando que muitas das interpretações sobre gênero também mantêm seu alicerce na "forma usual de compreender e analisar as sociedades, empregando um pensamento polarizado" (Finco, 2003, p. 98), o que nos faz acreditar que homens e mulheres possuem características distintas e opostas. Desconstruir esse pensamento é "problematizar a constituição de cada polo, demonstrar que cada um, na verdade, supõe e contém o outro; mostrar que cada polo não é único, mas plural [...] internamente fraturado e dividido" (Louro, 1997, p. 31).

Este esquema binário de gênero foi historicamente construído e naturalizado com o passar dos anos; sua desconstrução, segundo Finco (2003, p. 99), "traz uma proposta de reflexão e nos aproxima das formas como as crianças se relacionam frente às diferenças de gênero na infância".

Ao longo de seus estudos Azevedo (2015) descreve que, na contemporaneidade, encontram-se muitos sujeitos que, embora não se fundamentem na ideia da junção dos três fatores mencionados (biológico, gênero, orientação sexual), naturalizam o determinismo biológico e a dicotomia, funcionando inclusive como importante fator de separação de grupos por sexo, e que disseminam a rivalidade entre os grupos. Entretanto, muito se vê, especialmente na educação infantil, como os brinquedos e as brincadeiras não são demarcados segundo o sexo.

De acordo com Paechter (2013, p. 13), "crianças com menos de 7 anos ainda não desenvolveram plenamente o conceito de constância de gênero". Ou seja, elas não compreendem que, se você é um menino hoje, será pelo resto de sua vida e, portanto, se tornará um homem. A autora, porém, diz que, para elas, comportar-se de acordo com os estereótipos do gênero oposto sucinta medo, uma vez que temem a mudança de sexo e a partir disso:

> [...] esforçam-se ao máximo para imitar o comportamento de gênero de crianças mais velhas e de adultos e ao fazerem isso elas desenvolvem categorias de gênero mais rígidas do que as mantidas por crianças na terceira infância ou adultos. (Id., 2013, p. 13)

Apoiados no medo e nas concepções impostas, as crianças que incorporam esses ideais estruturam seu pensamento sem abrigar os modos plurais de se constituir como sujeito e aprendem a silenciar seus desejos e a criar outra identidade para si, segundo as subjetividades e concepções do outro.

Nesse sentido, o professor tem o importante papel de promover situações escolares que não reforcem a desigualdade entre meninos e meninas. Azevedo (2015) enfatiza que o que o educador deve estabelecer como base reflexiva nesses momentos é que conceitos a respeito de tudo o que nos cerca são construídos e modificados constantemente. Ainda que muitos deles tenham sido desmitificados e declinados, alguns se reforçam. Os papéis e as características definidos para homens e mulheres são parte desse processo e também se transformam de acordo com as concepções assumidas pela sociedade.

Em entrevistas realizadas com professoras de educação infantil e anos iniciais do ensino fundamental, Azevedo (2015) destaca a importância do jogo de faz de conta para o trabalho com gênero na escola, citando, entre outras práticas, o exemplo de uma professora que propõe espaços de jogo simbólico que contenham somente brinquedos considerados femininos ou só masculinos, abrindo margem para que as crianças possam experimentar e socializar com o sexo oposto, rompendo as barreiras que causam o medo de mudança de sexo, presente na sala de aula observada.

Azevedo (2015) defende que brincar com outros brinquedos supõe desenvolver capacidades e vivências ainda não experimentadas; portanto, dispor uma variedade de brinquedos com os quais algumas crianças não estão acostumadas ou proíbem-se de brincar, por convenções de gênero naturalizadas, é a situação propícia para tal acontecimento. Quanto maior a variedade de brincadeiras para uma criança experimentar, melhor será para a ampliação de suas capacidades e disposição a uma pluralidade de ferramentas necessárias à construção de sua identidade.

Além disso, Azevedo (2015) sugere que o professor tenha conversas pontuais a partir de situações e/ou comentário discriminatórios; faça leitura de livros infantis que abordem o tema gênero e estabeleça um diálogo com os pais sobre o assunto, expondo os valores de liberdade e respeito que a escola perpetua para si, pragmatizando-os por meio do respeito aos valores individuais de sua clientela, como práticas que visam promover um espaço de reflexão sobre os conceitos de gênero.

Algumas considerações sobre a fase fálica

Como dito anteriormente, a fase fálica é de longe aquela que gera mais dúvidas nos professores. Marcada por investigações sexuais, seja pelas perguntas, seja pela exploração do próprio corpo (por meio da masturbação infantil); seja pela exploração do corpo do colega (a partir das "brincadeiras de médico"), essa fase mexe com as fantasias de professores e pais. Destacaremos duas manifestações que, em geral, preocupam mais, e então vamos propor intervenções.

Masturbação infantil

> A ação que elimina o estímulo e provoca a satisfação consiste num contato por fricção manual ou numa pressão (decerto preparada nos moldes de um reflexo) exercida com a mão ou unindo as coxas. Este último método é de longe o mais frequente nas meninas. Nos meninos, a preferência pela mão já indica a importante contribuição que a pulsão de dominação está destinada a fazer para a atividade sexual masculina. (Freud, 1905, p. 112)

A masturbação é uma forma de a criança buscar uma satisfação autoerótica e normal, desde que não se dê de modo compulsivo. Como as demais aprendizagens que a criança deve ter acerca do que se espera de seu comportamento sexual, como o modo de comer, sentar-se, vestir-se, fazer a higiene pessoal, entre outras aquisições, a masturbação também é algo que tem lugar adequado para acontecer.

É bastante comum que a criança, ao descobrir o prazer em seu próprio corpo, queira se masturbar, e muitas vezes ela não consegue distinguir o local adequado para isso, fazendo-o em sala de aula, o que pode ser percebido pela manipulação direta dos genitais, ou pelo uso de outros objetos como brinquedos, colchonetes, travesseiros, ou ao sentar-se.

Nesses momentos, é importante que o professor converse com a criança e que não negue sua percepção sobre o ato; ele deve demonstrar compreender que essa atividade é prazerosa, mas deve demarcar que a escola não é o local adequado. Deve sinalizar para a criança o que era esperado, no momento, que se fizesse no ambiente coletivo, convidando-a a participar das atividades oferecidas naquele contexto. Nunca deve expor a criança, falando alto ou reprimindo sua atitude de modo violento.

Nos casos em que os limites e as atividades estabelecidos em sala de aula não forem capazes de retirar a criança da masturbação, é possível que a criança esteja vivenciando conflitos difíceis de encontrar vazão por outras vias, sendo necessário que o professor busque auxílio na equipe de apoio da escola, como coordenador ou orientador educacional. Muitas vezes é preciso conversar com os familiares mais próximos à criança, a fim de desenvolver um trabalho integrado que pode envolver a intervenção de um profissional especializado, como um psicólogo.

Ainda assim, é importante salientar que o professor continua sendo responsável por estabelecer os limites no espaço da sala de aula e por desenvolver atividades atrativas e adequadas ao desenvolvimento daquela faixa etária. É importante frisar que as crianças pequenas precisam se movimentar, vivenciar experiências múltiplas, colocar sua curiosidade em ação. Se as crianças encontram na escola um ambiente enfadonho, no qual tenham de passar longas horas sentadas, desprovidas de atividades que desafiem seu raciocínio e que permitam que interajam ativamente com os colegas, não lhes sobra muita opção a não ser explorar o próprio corpo como fonte de prazer.

Investigações sexuais infantis

Outra questão que também angustia muito os professores diz respeito às investigações que as crianças estabelecem envolvendo outros colegas, geralmente relacionadas à exploração do corpo, podendo envolver desde a curiosidade em saber as diferenças entre os órgãos sexuais até a própria manipulação desses órgãos.

De maneira geral, é muito comum ver os professores fazerem um juízo moral dessas ações, repudiando os alunos que são surpreendidos nesses atos e mesmo castigando-os. Ao contrário do que muitos pensam, nem todas as crianças têm a dimensão sexual *stricto senso* de seus atos, mas a adquirem à medida que percebem no olhar do adulto que há algo de proibido naquela prática, o que muitas vezes as leva a ter ainda mais interesse em prosseguir suas pesquisas nesse campo.

É bom ressaltar que o fato de compreender o que está em jogo nessas investigações não envolve permitir que elas prossigam *in loco*, ou seja, deixar as crianças se tocarem livremente e descobrirem o sexo, ainda pequenas. Trata-se, no entanto, de criar canais socialmente aceitos para que elas deem o contorno necessário às suas dúvidas, podendo entrar na cadeia significante de sentidos científicos, tal qual o objetivo educacional e social.

Em nossa experiência, temos observado o quanto as rodas de conversa têm sido benéficas para as discussões das crianças sobre suas dúvidas e curiosidades. Contudo, também é importante lembrar que a eficácia dessas conversas se dá apenas quando o disparador é a própria criança, isto é, quando há uma manifestação de vários integrantes do grupo e, a partir disso, o professor convida a turma para falar a respeito. Não há como garantir os efeitos de uma conversa que anteceda o tempo lógico da criança, pois certamente a fala do professor ficaria descontextualizada. Ou seja, não há como prevenir, mas, sim, como intervir.

E, nesse sentido, é importante que se dê liberdade para que as crianças falem livremente sobre o que sentem e pensam. Deixe que falem de suas fantasias e seus medos, convocando os demais colegas a expressarem suas opiniões, abrindo espaço para que percebam que aquelas dúvidas, angústias ou curiosidades fazem parte da infância e podem ser discutidas e resolvidas em conjunto.

Estabeleça conexões entre as falas e ofereça subsídios para apaziguar ansiedades e medos, ao mesmo tempo estabelecendo parâmetros exatos acerca do que diz respeito ao campo infantil e adulto e deixando claro que nem todas as questões apresentam respostas imediatas – algumas delas dependem do amadurecimento e do crescimento das crianças para poderem ser compreendidas. Sendo assim, como não é possível respondê-las na atualidade, a solução é simples: vamos viver o que é possível hoje e deixar o amanhã ao campo que pertence, ou seja, para o futuro.

Assim, encaminhe a discussão para coisas que possam ser abordadas do ponto de vista educacional, apresentando livros didáticos que abordem o desenvolvimento sexual dos seres humanos, dos animais, das plantas etc.

Descrevemos um exemplo prático que pode elucidar um pouco como esse processo se dá. Acompanhamos uma sala com cerca de 20 crianças na faixa etária entre 5 anos e meio e 6 anos. Por volta da metade do primeiro semestre, uma boa parte delas começou a falar sobre namoro e interesse em saber mais a respeito do sexo oposto. Nos intervalos entre as atividades era comum ouvir brincadeiras e risadinhas relacionadas a um colega que estaria namorando o outro; colegas empurrando o outro na direção de alguém da turma com o intuito de fazê-los se beijar e coisas semelhantes.

O ponto culminante da história foi o fato de um dia, na passagem de um período para o outro, quatro crianças terem sido encontradas numa sala mais afastada, tocando-se mutuamente nos órgãos genitais, o que causou um grande alvoroço entre os professores, muitos considerando aquilo um pecado mortal.

O primeiro passo foi conversar com os professores, ressaltando alguns aspectos que fazem parte da curiosidade infantil. A professora da sala abriu espaço para a roda de conversa, que fazia parte da rotina da sala, porém dessa vez ela tomou a fala expondo para o grupo o que vinha percebendo sobre eles nos últimos dias. Disse que havia percebido que eles andavam bastante agitados e que tinha notado que as conversas sobre namoro, beijos na boca e curiosidades sobre as diferenças no corpo dos meninos e das meninas pareciam estar em evidência. Perguntou se as crianças haviam percebido isso também. Entre risadas e acanhamentos, as crianças disseram que sim, e a professora perguntou por que eles achavam que isso estava ocorrendo, e se eles gostariam de falar a respeito. As crianças se puseram a falar e o resultado foi muito surpreendente.

Uma das crianças trouxe suas impressões sobre o irmão bem mais velho, que já namorava, falando que achava engraçado o modo como eles se beijavam e dizendo que ela também queria experimentar beijar daquele jeito para saber como era. Outros colegas alertaram para o fato de ela ainda não ser adulta e por isso não poder beijar na boca. A criança em foco disse que sabia disso, mas mesmo assim tinha curiosidade. A professora interveio e perguntou se mais alguém tinha curiosidade a respeito. Outra criança então disse que sim, que queria saber como os bebês vão parar na barriga das mães. Vários riram e a professora perguntou se alguém poderia ajudar a colega a responder a sua dúvida.

Outra criança surgiu com a história da "sementinha" que é dada pelo pai para a mãe, e nesse momento uma colega a interrompeu dizendo: "Bem que eu sabia que tinha de comer alguma coisa". Um colega mais interessado por livros de biologia disse que não era assim, disse que o pai colocava o órgão sexual dele no órgão sexual da mãe e assim passava as "sementinhas" para a barriga dela. A professora aproveitou para perguntar ao aluno onde ele obteve essa informação, dizendo que talvez todo o grupo pudesse pesquisar a respeito nos livros.

Eis que uma colega se interpôs dizendo que precisava contar uma coisa: que não era "só na frente que se colocava o órgão sexual", apontando com as mãos e falando baixinho: "Tem gente que também coloca aqui atrás" (referindo-se ao que tinha ouvido falar sobre a relação sexual anal). Depois complementou: "Eu não quero casar nunca". A professora interveio falando que há muitas coisas que, como bem afirmou uma das colegas, faz parte do mundo adulto e, como tal, só quando se cresce é possível compreender, mas há outras que podem ser investigadas ainda quando se é criança e, assim, pesquisar nos livros sobre o modo como os bebês vão parar na barriga das mães e sobre como nascem era uma dessas coisas.

Propôs que conversassem com os pais a respeito, a fim de procurar informações. Marcaram uma ida à biblioteca para consultar o acervo (a professora já havia pesquisado previamente material a respeito, mas queria contar com a participação de todos no processo que era muito mais amplo, tendo como pano de fundo o que deve ser uma ação pedagógica no que se refere a qualquer pesquisa). Combinou que escreveria nas agendas, contando aos pais sobre o que estavam estudando e solicitando a ajuda deles, ao que todos concordaram. A partir dali, o rumo da conversa tomou outras proporções, deixou de ser algo proibido, alvo de piadas e provocações e tornou-se um tema de pesquisa científica.

As crianças se dirigiram à biblioteca no dia combinado e encontraram um livro que falava não só de como se reproduzem os bebês, mas também outros animais. As crianças aprenderam sobre os órgãos sexuais, seus nomes, suas funções, assim como se fala do coração, do cérebro ou de qualquer outra parte do corpo. Foram capazes de dar nomes ao que eram as "lendárias sementinhas", podendo num segundo tempo verificar como a criança se desenvolvia no ventre materno. Daí foi só puxar a discussão para outros animais, entre eles os sapos e as borboletas. Neste último caso, foi possível inclusive acompanhar o ciclo do seu desenvolvimento num *habitat* construído pelas próprias crianças em conjunto com a professora.

O que buscamos exemplificar com esse recorte é que trabalhar com a sexualidade das crianças não significa se afastar dos fundamentos pedagógicos que devem ser contemplados no âmbito educacional, mas, ao contrário, significa utilizá-lo para alimentar o que é a demanda de saber das crianças sobre o mundo e sobre si mesmas.

Referências

AULAGNER-SPAIRANI, P. Le "désir de savoir" dans ses rapports à la transgression. In: KUPFER, M. C. M. *O desejo de saber*. Tese de doutorado – Universidade de São Paulo, São Paulo, 1992.

AZEVEDO, J. S. N. *Entre bonecas e carrinhos*: implicações dos estereótipos de gênero na qualidade educacional. São Paulo: Instituto Singularidades, 2015.

BASTOS, A. B. B. I.; DÉR, L. C. S. Estágio do personalismo. In: MAHONEY, A. A.; ALMEIDA, L. R. de (orgs.). *Henri Wallon*: psicologia e educação. São Paulo: Loyola, 2005, p. 39-49.

FINCO, D. Os perigos da naturalização das relações sociais na educação infantil. *Gênero na educação infantil*. Pátio – Educação Infantil. São Paulo, ano XI, n. 36, jul./set. de 2013.

_____. Relações de gênero nas brincadeiras de meninos e meninas na educação infantil. *Pro-posições*. Campinas, v. 14, n. 3 (42), p. 89-101, set./dez. 2003.

FREUD, S. (1905). Três ensaios sobre a teoria da sexualidade. *Obras completas*. Rio de Janeiro: Imago, 1976.

_____. (1907). O esclarecimento sexual da criança. *Obras completas*. Rio de Janeiro: Imago, 1976.

_____. (1908). Teorias sexuais infantis. *Obras completas*. Rio de Janeiro: Imago, 1976.

_____. (1910). Leonardo da Vinci, uma lembrança de infância. *Obras completas*. Rio de Janeiro: Imago, 1976.

_____. (1915). Luto e melancolia. *Obras completas*. Rio de Janeiro, Imago: 1976.

_____. (1923). A organização sexual infantil. *Obras completas*. Rio de Janeiro: Imago, 1976.

_____. (1923). A feminilidade. *Obras completas*. Rio de Janeiro: Imago, 1976.

_____. (1924). A dissolução do complexo de Édipo. *Obras completas*. Rio de Janeiro: Imago, 1976.

_____. (1931). Sexualidade feminina. *Obras completas*. Rio de Janeiro, Imago, 1976.

KUPFER, M. C. M. *Relação professor-aluno*: uma leitura psicanalítica. Dissertação de Mestrado – Universidade de São Paulo, São Paulo. 1982.

_____. *O desejo de saber*. Tese de doutorado, Universidade de São Paulo, São Paulo, 1990.

_____. *Freud e a educação* – o mestre do impossível. São Paulo: Scipione, 1992.

LEMÉRER, B. Algumas reflexões a partir do texto de Freud sobre as teorias sexuais infantis. *A criança e o saber*. Letra Freudiana. Escola, Psicanálise e Transmissão, n. 23, p. 13-20, 1999. Revinter.

LOURO, G. L. *Gênero, sexualidade e educação*: uma perspectiva pós-estruturalista. Petrópolis: Vozes, 1997.

MASOTTA, O. Lecciones de introducción al psicoanálisis. In: KUPFER, M. C. M. *O desejo de saber*. Tese de doutorado – Universidade de São Paulo, São Paulo, 1990.

MRECH, L.M. O impacto da psicanálise na educação. São Paulo: Avercamp, 2005.

MISKOLCI, R. Um corpo estranho na sala de aula. In: ABRAMOWICZ, A.; SILVÉRIO, V. R. (Rditores). *Afirmando diferenças*. Campinas: Papirus, 2005.

RIO, V. R. (Editores). *Afirmando diferenças*. Campinas: Papirus, 2005.

NEME, L. O a-prender na constituição do sujeito. *A criança e o saber*. Letra Freudiana. Escola, Psicanálise e Transmissão, n. 23, p. 43-46, 1999. Revinter.

NOBRE, L. De onde vêm os bebês? – Um impossível a saber. *A criança e o saber*. Letra Freudiana. Escola, Psicanálise e Transmissão, n. 23, p. 29-32, 1999. Revinter.

PAECHTER, C. Por que meninos e meninas escolhem brinquedos diferentes. Gênero na educação infantil. Pátio – Educação Infantil. São Paulo, ano XI, n. 36, jul/set de 2013.

SILVA, M. C. P. da. *Sexualidade começa na infância*. São Paulo: Casa do Psicólogo, 2013.

4

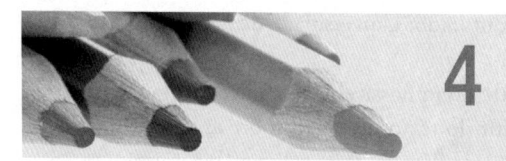

Metodologias ativas de aprendizagem e a aprendizagem baseada em problemas e por projetos na educação a distância

Ulisses Ferreira Araújo
Mônica Cristina Garbin

O presente capítulo trará os principais resultados do uso da Aprendizagem Baseada em Problemas e por Projetos (ABPP) num curso para a formação continuada de professores, oferecido na modalidade semipresencial em nível *lato sensu*, numa parceria entre a Universidade de São Paulo e a Universidade Virtual do Estado de São Paulo (Univesp).

Trata-se do curso de especialização em "Ética, valores e cidadania na escola" (EVC), que se apoia no uso das novas tecnologias da comunicação e interação, proporcionando recursos em diferentes linguagens para o desenvolvimento de conteúdos em ética e cidadania. Sobre esse aspecto, uma das principais ideias do curso é o uso de diferentes metodologias e recursos para o suporte à aprendizagem, de forma que contemple as variadas maneiras de aprender dos estudantes. Parte-se do princípio de que as pessoas aprendem de diferentes maneiras e, portanto, os conteúdos precisam ser apresentados usando variados recursos. Nesse sentido, as opções metodológicas do curso buscavam construir novos modelos educativos mais coerentes com as demandas de re-invenção da educação cobradas pela sociedade da informação.

O primeiro oferecimento do curso ocorreu em 2011 e, inicialmente, dispôs de mil vagas para professores oriundos de 12 cidades do estado de São Paulo. Em dezembro de 2014, o curso formou sua terceira turma e capacitou, nesse período de três anos, aproximadamente 2,3 mil professores em todo o território do estado de São Paulo.

A principal metodologia utilizada foi a ABPP. A partir dela, orientados por uma temática geral definida pela coordenação do curso e relacionada aos conteúdos abordados, os cursistas escolhiam uma problemática para resolução e para desenvolver seus projetos ao longo do semestre, em grupos de seis alunos.

A partir de sua segunda edição, o curso incorporou a metodologia do Design Thinking (Plattner et al., 2012; Brown, 2010) e a perspectiva do Human-Centred Design Thinking (IDEO, 2009) à teoria da ABPP (Araújo e Sastre, 2009). Nessa perspectiva, o foco dos projetos de resolução de problemas passou a ser a prototipação, ou seja, a construção de protótipos voltados para a resolução dos problemas identificados.

O modelo didático-pedagógico

De acordo com Behar (2009, p. 25), um modelo pedagógico é construído tendo como base uma arquitetura pedagógica, como pode ser observado na Figura 4.1:

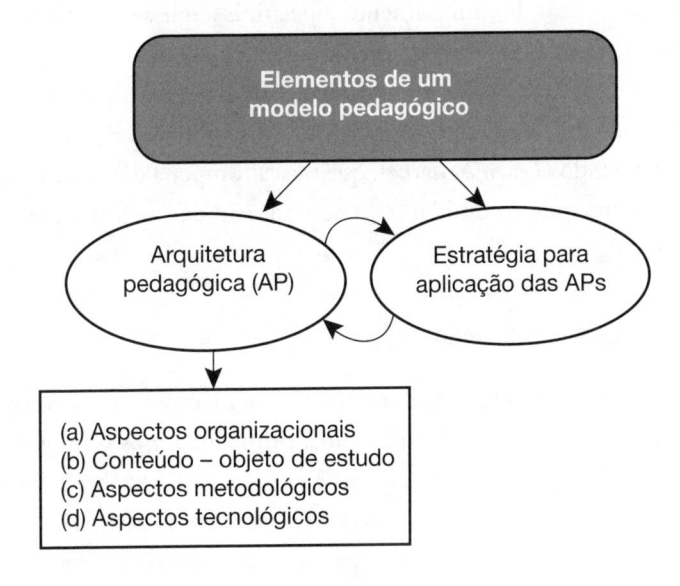

Figura 4.1 Elementos de um modelo pedagógico. (Fonte: Behar, 2009, p. 25)

a) Aspectos organizacionais – é o/a planejamento/proposta pedagógica, o que significa que estão incorporados neste item os propósitos da aprendizagem, a organização do tempo e do espaço, as expectativas na relação da atuação dos participantes ou da também chamada organização social da classe.

b) Conteúdo – materiais instrucionais e/ou recursos utilizados (exemplos: objetos de aprendizagem, softwares e outras ferramentas de aprendizagem).

c) Aspectos metodológicos – atividades, interações, procedimentos de avaliação e a organização de todos esses elementos numa sequência didática para a aprendizagem.

d) Aspectos tecnológicos – definição da plataforma de educação a distância (EAD) e suas funcionalidades. Este aspecto refere-se apenas a cursos realizados sob a perspectiva da EAD ou da educação semipresencial.

Assim, os aspectos apontados pela autora também foram levados em consideração no desenvolvimento do modelo didático-pedagógico abordado neste capítulo. Esse modelo incorpora três pilares para o desenvolvimento do trabalho pedagógico, os quais, organizados de forma complementar, garantem que os estudantes tenham uma formação ao mesmo tempo sólida, criativa e com foco na inovação pessoal e profissional.

O primeiro pilar é o de transmissão de conhecimentos consolidados pela humanidade e pelas áreas de conhecimento específicas a que se vinculam os conteúdos dos cursos. O segundo é o da aprendizagem colaborativa e cooperativa, que reconhece a importância na contemporaneidade da construção coletiva de conhecimentos, em rede e em equipes inter/multidisciplinares. E o terceiro pilar é o do aprender fazendo (*Learn by doing*), que busca romper a dicotomia entre teoria e prática, aproximando os estudantes desde o início de sua formação ao mundo profissional real.

A transmissão de conhecimentos

Uma parte essencial de toda formação profissional incorpora a transmissão de conhecimentos já construídos por aquela área profissional nos séculos ou décadas anteriores. A utilização de mídias digitais e virtuais na EAD abre a possibilidade de garantir a qualidade na transmissão de conhecimentos básicos e aplicados aos estudantes por meio da produção de material didático bem elaborado e com múltiplas configurações, respeitando as diversas formas que os estudantes têm para se apropriar de conteúdos específicos e de produzir conhecimentos.

O uso de múltiplas linguagens na produção do material didático e sua disponibilização em ambientes de aprendizagem que permitem o acesso desses materiais em diversas lógicas de organização aumentam a probabilidade de que os conteúdos abordados sejam efetivamente apropriados pelos alunos de forma individualizada. Essa foi uma preocupação básica no desenvolvimento do ambiente virtual de aprendizagem utilizado no curso em questão.

A matriz preferencial de transmissão de conhecimentos no modelo didático-pedagógico do curso foram as videoaulas produzidas por equipes profissionais da

Univesp TV, empregando os estúdios da TV Cultura de São Paulo. Para a produção dos conteúdos específicos das disciplinas, contamos com a colaboração de alguns dos profissionais e cientistas brasileiros de maior renome no mundo acadêmico, preferencialmente docentes das universidades públicas estaduais paulistas com que temos convênios de cooperação: Universidade de São Paulo (USP) e Universidade Estadual de Campinas (Unicamp).

Essas videoaulas são produzidas em diferentes formatos e estilos, desde aulas gravadas em estúdio, em salas de aula tradicionais, em ambientes reais externos, até programas televisivos elaborados em linguagem da televisão comercial. Além da produção própria, a Univesp TV e a TV Cultura disponibilizam centenas de programas e séries televisivas produzidas no mundo todo, como a BBC britânica. Todo esse acervo produzido é disponibilizado gratuitamente no canal do Youtube da Univesp TV e também em transmissão aberta pelo canal 2.2 de São Paulo, do espectro digital da TV Cultura.

Ao mesmo tempo, reconhecendo a existência de milhares de produções de excelente qualidade disponíveis em plataformas gratuitas de vídeo, como Youtube e Vimeo, o curso lança mão de produções para a transmissão de conhecimentos que contribuam para a formação profissional, científica e pessoal de seus estudantes.

Outra vertente complementar na transmissão de conhecimento, e que tem prioridade neste modelo didático-pedagógico, é a linguagem textual. Para a complementação das videoaulas, os docentes indicam textos disponíveis em bibliotecas eletrônicas de acesso gratuito. Dentre os bancos de dados para essa pesquisa de artigos destacam-se o Portal de Periódicos Científicos da Capes (http://www.periodicos.capes.gov.br/), bem como a *Scientific Eletronic Library Online* – SciELO (http://www.scielo.org). O objetivo dessa dinâmica é que assim evitamos a produção de textos exclusivos para o curso, reconhecendo, portanto, a existência on-line de material acadêmico gratuito de excelente qualidade.

Todos os conhecimentos transmitidos são disponibilizados em múltiplas linguagens, reconhecendo tanto a importância da inclusão para os diversos tipos de portadores de deficiências quanto a diversidade na forma com que as pessoas aprendem. Assim, as videoaulas de conhecimentos básicos são legendadas e com tradução para a Linguagem Brasileira de Sinais (Libras), os textos e livros básicos são disponibilizados em MP3 para a audição de pessoas que necessitam ou para aquelas que gostam desse modelo para a apropriação de conhecimentos. Além disso, existe toda uma preocupação com questões de acessibilidade no ambiente virtual de aprendizagem, garantindo o acesso de maior diversidade de pessoas aos conteúdos oferecidos pelos cursos.

Finalmente, há uma preocupação essencial de que os conteúdos transmitidos estejam acessíveis em várias plataformas e lógicas variadas. Por isso, os cursos da Univesp também podem ser acessados em tablets e celulares, em sistemas operacionais IOS e Android, Windows e HTML5. No caso da lógica de oferecimento, os conteúdos estão disponíveis de formas diferentes na plataforma on-line do curso: sequencial e linear, para melhor organizar os estudos; de formas disciplinar, temática e dependendo da linguagem de interesse do aluno: vídeos, textos, áudio etc.

A aprendizagem colaborativa e cooperativa

O uso de ferramentas e tecnologias digitais que promovam interação e novas formas de relações sociais em consonância com novas configurações de produção de conhecimento é o segundo pilar complementar do modelo didático-pedagógico em questão. Sua implementação permite vislumbrar novas formas de organização dos tempos, dos espaços e das relações nos cursos, e de se conceber formas diferentes nas relações de ensino e de aprendizagem, com mudanças nos papéis de estudantes e professores no processo de aprendizagem, em direção a uma aprendizagem colaborativa e cooperativa.

Essa mudança no papel dos sujeitos envolvidos nos processos educativos é um dos pilares de nosso modelo, seguindo o que apontam autores como Lee Shulman (2004) e Michael Weimer (2002). Para eles, a relação ensino-aprendizagem deve sofrer uma inversão, deixando de se centrar no ensino para focar na aprendizagem e no protagonismo dos estudantes.

Nessa concepção, a construção dos conhecimentos pressupõe um sujeito ativo, que participa de maneira intensa e reflexiva dos processos educativos. Um sujeito que constrói sua inteligência, sua identidade e produz conhecimento por meio do diálogo estabelecido com seus pares, com os professores e com a cultura, na própria realidade cotidiana do mundo em que vive. Esses estudantes devem se tornar autores do conhecimento, e não meros reprodutores daquilo que já foi produzido. E isso leva, também, a um novo papel para os professores, que, de únicos detentores do conhecimento, passam a ser também mediadores do processo.

As Metodologias Ativas de Aprendizagem são o cerne desse pilar, por um lado. Por outro lado, o uso de ferramentas e plataformas virtuais coerentes com essas metodologias é essencial para que de fato o protagonismo dos estudantes ocorra, para não se correr o risco de que os Ambientes Virtuais de Aprendizagem convertam-se em simples repositórios de conteúdos. Essa é outra característica essencial deste modelo didático-pedagógico.

A partir dos conhecimentos transmitidos nas videoaulas e nos textos de apoio, todas as disciplinas seguem os princípios das metodologias ativas de aprendizagem. Há variação na forma de trabalho dos conteúdos transmitidos de acordo com as características das disciplinas específicas, mas cada aula ou unidade de conteúdos é desenvolvida seguindo uma ou mais das seguintes metodologias:

- ABP – Aprendizagem baseada em problemas – é uma estratégia pedagógica que apresenta aos estudantes situações significativas e contextualizadas no mundo real. Na Univesp são adotadas duas perspectivas diferentes: o Problem Based-Learning (PBL) (em português, Aprendizagem baseada em problemas) tradicional, que se baseia no princípio de uma aprendizagem individualizada e centrada no aluno, situação em que a preparação do material didático é detalhada e direciona a aprendizagem dos estudantes por meio de problemas que eles precisam resolver para compreender os conteúdos em estudo; e a abordagem da ABPP, que tem como principal diferencial o fato de que os problemas são enfrentados/estudados de forma coletiva e colaborativa, por um grupo de pessoas e não individualmente. Nesta segunda concepção, os alunos devem pesquisar e resolver de forma colaborativa e cooperativa problemas complexos, práticos e cotidianos, relacionados à realidade em que deverão atuar profissionalmente.
- Situações-problema/cenários – As situações-problema (cenários) baseiam-se em situações reais recorrentes, de grande impacto social e de grande valor educativo. São apresentadas aos estudantes em forma de uma curta história, contextualizada, abrindo-se depois espaço para que possam fazer perguntas sobre os aspectos relevantes, revisar os conhecimentos prévios, detectar necessidades de aprendizagem, combinar e sintetizar as informações relevantes selecionadas na pesquisa bibliográfica.
- Estudos de caso (*Case studies*) – Bastante difundido no meio acadêmico e na área de formação das Engenharias e de Economia/Administração, essa metodologia assenta-se sobretudo no aluno como fonte motora da aprendizagem, colocando-se o professor com o papel de estimular o debate mediante o questionamento e a apresentação de dados que enriquecem as análises. Sua base é a formação autodidata orientada na descoberta e na discussão de diferentes

pontos de vistas. Os casos são elaborados na forma de texto estruturado com uma exposição datada, bem desenvolvida, e documentada com dados reais, relativos a: 1) Uma situação real problemática e complexa de tomada de decisão; 2) Um contexto real em que essa situação ocorreu; 3) As linhas de análise a serem adotadas – questões, argumentos, modelos, hipóteses propostas no caso para fins de equacionar de maneira adequada a situação.

O aprender fazendo

O terceiro pilar deste modelo didático-pedagógico, de forma totalmente integrada e articulada aos dois pilares anteriores, é o de que se aprende na ação, no fazer. Apesar dos desafios que essa perspectiva encontra em um curso a distância, por meio das metodologias ativas de aprendizagem descritas e do uso de ferramentas, vídeos, simuladores, laboratórios virtuais e textos instrucionais, os estudantes de nossos cursos são levados a desenvolver ações, criar protótipos e buscar solução para os problemas de seu campo profissional no mundo real, concreta e, preferencialmente, de forma coletiva.

Os resultados dessas ações, testadas concretamente, são transpostos para o ambiente virtual de aprendizagem utilizando linguagens como as de vídeo e as textuais, tornando-se material didático concreto para discussões, análises e coconstrução de novas soluções para os problemas enfrentados.

A própria apropriação do uso das tecnologias digitais no ensino e aprendizagem é feita pelos pressupostos do aprender fazendo.

O *Design Thinking*

Complementando as bases conceituais da ABPP, podemos citar a abordagem do *Design Thinking* (DT), que também faz parte do modelo pedagógico do EVC, configurando-se como uma quarta dimensão da organização curricular. A partir do seu uso, espera-se que os atores que compõem o ambiente escolar desenvolvam soluções inovadoras e reais para os problemas enfrentados em seu cotidiano.

O DT utiliza a expressão *Human Centered Design* (HCD) – design centrado no ser humano – para definir seu principal objetivo, que é desenvolver produtos ou processos com foco no ser humano e nas suas necessidades.

De acordo com Meinel e Leifer (Plattner, 2012), o DT é uma metodologia centrada no ser humano que integra colaboração multidisciplinar e interativa à criação de produtos, sistemas e serviços inovadores, convergindo para o usuário final. É centrado no ser humano porque o processo de concepção de serviços inovadores, por exemplo, começa por examinar necessidades, sonhos e comportamentos das pessoas a serem afetadas pelas soluções projetadas, ouvindo e compreendendo-as (Brown, 2010).

Uma das bases do modelo é o processo de construção de vários protótipos para a solução dos problemas enfrentados, que são testados continuamente durante o seu desenvolvimento junto aos usuários da solução elaborada, até se chegar a um modelo apto a ser implementado na realidade.

Para tanto, essa metodologia apoia-se em três fases para o desenvolvimento dos protótipos. São elas: ouvir, criar e implementar, como pode ser observado na figura a seguir.

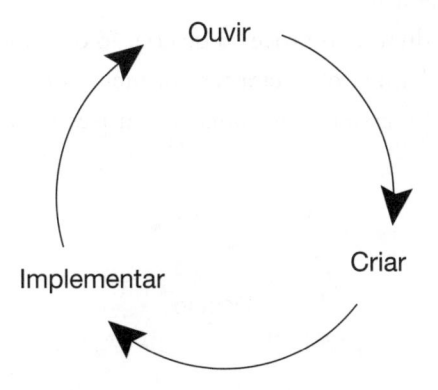

Figura 4.2 Fases do *Design Thinking*.

Durante o processo do ouvir, é exigido o diálogo entre a equipe do projeto e a comunidade para quem se deseja desenvolver a solução, visando compreender suas expectativas e necessidades relacionadas ao problema enfrentado.

Para a realização desse processo, podem ser utilizadas diferentes técnicas de investigação, tais como entrevistas individuais, grupos focais, estudos de casos, entre outras. O importante nessa etapa é ter em vista as necessidades do coletivo investigado e trabalhar a partir delas, no sentido de contribuir para uma resolução real e concreta do problema apresentado.

Assim, a partir das "vozes" dos sujeitos é que se dá a criação do protótipo, que é o segundo processo do HCD. Durante o processo de criação, prevê-se a utilização de diferentes ferramentas que ajudam a equipe a buscar soluções que realmente causem impacto na comunidade abarcada pelo projeto. Entre essas ferramentas, podem ser listadas: sessões de *brainstorming* (chuva de ideias); uso de espaços compartilhados, onde podem ser divididos com todos da equipe e em tempo real os avanços do projeto; reuniões presenciais ou virtuais para discutir os planos de ação do projeto; uso de *storyboard* para visualizar o protótipo de maneira mais clara; entre outras.

Por fim, ocorre a implementação do protótipo, cujo intuito é verificar se as necessidades apontadas pela comunidade foram respondidas com a solução desenvolvida.

O processo de ouvir, criar e implementar é contínuo e deve ser realizado quantas vezes forem possíveis e/ou necessárias junto aos usuários para quem a solução vem sendo elaborada, de maneira que se chegue a um modelo que seja apto a ser implementado na realidade.

Por esse motivo, durante o processo de criação da solução para o problema, a equipe de desenvolvimento precisa ter em mente que a resposta para a dificuldade enfrentada necessita estar apoiadas em três vertentes: desejo, praticidade e viabilidade.

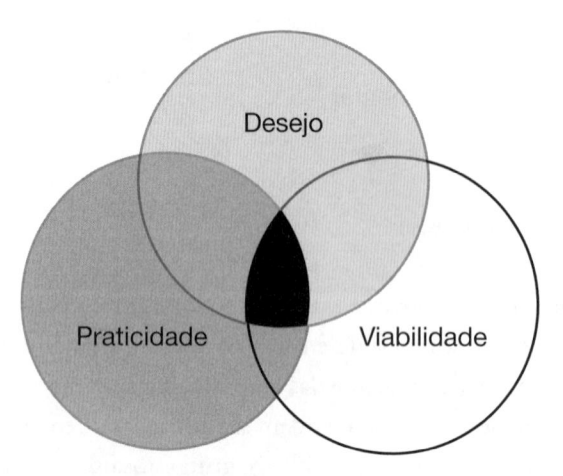

Figura 4.3 As três vertentes do *Design Thinking* – desejo, praticidade e viabilidade.

As soluções que surgem do HCD devem estar na zona de interseção dessas três vertentes. Elas precisam ser: desejáveis, praticáveis e viáveis.

Principais resultados alcançados neste modelo

Durante os anos de 2013 e 2014, os estudantes do curso de especialização em "Ética, valores e cidadania na escola" (docentes de educação básica) vivenciaram o modelo didático-pedagógico descrito nas sessões anteriores deste capítulo. O tema central elaborado pela coordenação do curso, e que gerou os projetos dos grupos de seis alunos, era: ferramentas que promovam cidadania na educação.

Os estudantes dispunham de um encontro de tutoria presencial de quatro horas toda semana, cujo objetivo era o de orientação ao desenvolvimento do projeto. Além disso, no ambiente virtual de aprendizagem do curso, eles podiam ter acesso a diferentes recursos tecnológicos que apoiavam o seu aprendizado.

Assim, os estudantes partiam de questões ou problemas vivenciados em sua realidade de trabalho e usavam dos recursos tecnológicos ou metodológicos, como DT e ABPP, para investigar e criar soluções reais para os problemas diagnosticados na comunidade local.

Aproximadamente 48 grupos de seis ou sete estudantes buscavam criar soluções, por meio do desenvolvimento de protótipos, para os problemas vivenciados nos arredores das cidades de Campinas, São Paulo, São Carlos, Piracicaba, Ribeirão Preto e Santos.

Ao final do processo, para exemplificar o tipo de resultado e de solução de problemas que foram desenvolvidos, podemos citar a criação de jogos (de tabuleiros ou digitais) e procedimentos que visam a algum tipo de mudança de contexto da sala de aula, da escola ou da comunidade, como pode ser visto nos exemplos a seguir:

a) Lixeira eletrônica: o objetivo do produto foi o de diminuir o desperdício alimentar dos alunos do Ensino Fundamental I da comunidade local. Para a aplicação do projeto, foi construída uma balança de pratos para a pesagem do desperdício dos alimentos e, além disso, foram realizadas ações educativas lúdicas, como a narração de histórias e o plantio de feijão, buscando uma reflexão das ações dos alunos. O objetivo era o de estimular a diminuição do desperdício de alimentos junto a 68 alunos dos segundos e terceiros anos dos anos iniciais do ensino fundamental de uma instituição pública de ensino do município de Campinas.

b) Jogo "Escola em Ação": baseado no jogo "Imagem e Ação", atendia uma demanda imediata dos alunos por atividades ou jogos durante o recreio e, ao mesmo tempo, objetivava promover o protagonismo juvenil e colaborar com a ampliação dos conhecimentos gerais desses alunos. Assim como o jogo original, é composto por um tabuleiro, cartas, ampulheta, dados e pinos, conforme podemos observar nas imagens abaixo. O jogo permite a participação de vários alunos e tem como objetivo atingir a última casa do tabuleiro. Os alunos são divididos em dois times e ao acertar as palavras contidas nas cartas do jogo, ganham o direito de jogar o dado e percorrer as casas do tabuleiro, a cada jogada. São cinco palavras distribuídas nas categorias. Ao retirar a carta, um aluno do grupo fará a mímica de acordo com a categoria sorteada pelo dado. Quando a palavra apresentar um asterisco significa que ambos os grupos poderão adivinhar; caso não apareça esse símbolo somente o grupo que retirou a carta poderá fazê-lo.

c) Projeto de Vida – Jogo online: o grupo notou em sua comunidade o problema da falta de elaboração de projetos de vida, por parte dos alunos de uma escola pública municipal da cidade de Monte Mor, que superassem a lógica da reprodução social. Assim, foi construído um jogo que provocasse a reflexão no adolescente, o qual precisaria refletir e avaliar as suas escolhas do presente e o impacto delas em seu futuro. Para a viabilização do jogo, o grupo elaborou uma versão em formato de livro e outra em formato digital. No jogo, a cada nova decisão tomada pelo adolescente, ele é encaminhado para uma nova página, situação decorrente de sua escolha. Portanto, o protótipo resume-se a um livro-jogo, em formato impresso e digital, com a finalidade de instigar o público-alvo, composto por adolescentes na faixa etária de 11 a 12 anos, a ler e desvendar caminhos para delinear a sua trajetória a partir de escolhas conscientes. Essas escolhas objetivam relacionar situações do cotidiano com um presente ainda em construção, que poderá levar o indivíduo a um futuro de êxito, de superação, de satisfação pessoal ou o contrário.

d) "Homextasia" – Nas visitas, observou-se que os professores não dispunham de um espaço destinado exclusivamente a eles, o que dificultava a convivência entre os pares. O protótipo criado e intitulado de "Homextasia" constituiu-se de uma transformação no espaço destinado aos educadores, objetivando seu bem-estar. A implementação do protótipo, realizada no formato de um jogo Oásis, ocorreu em parceria com os docentes, os quais se engajaram no processo de modificação do espaço. A reorganização da sala proporcionou aos docentes maior privacidade, maior autonomia, possibilidade real de descanso entre os períodos de aula, entre outros aspectos observados, contribuindo assim de maneira significativa para seu protagonismo no contexto da escola e para a construção de sua cidadania.

Considerações finais

Concluindo, pode-se entender que a educação básica e a superior não passam incólumes pelas transformações sociopolíticas e econômicas que estamos vivenciando nas décadas recentes e precisam se "re-inventar" para continuar ocupando o papel de destaque que as sociedades lhes destinaram nos últimos 300 anos. Paradoxalmente, essa "re-invenção" depende tanto da capacidade de continuidade para conservar suas características de excelência e de produtora de conhecimentos, como da capacidade de transformação para adaptar-se a novas exigências das sociedades, da cultura, da ciência.

Este capítulo buscou demonstrar de que maneira as metodologias ativas de aprendizagem, unidas a um modelo didático-pedagógico coerente com suas práticas e com as tecnologias específicas, podem contribuir para um processo de ensino e aprendizagem eficientes.

O modelo criado foi demonstrado de maneira prática, aplicado a um curso de especialização oferecido pela Universidade de São Paulo em parceria com a Universidade Virtual do Estado de São Paulo, e buscou apontar caminhos e resultados que demonstram a viabilidade de mudanças que incorporam as metodologias ativas de aprendizagem e a ABPP na EAD.

Esperamos que a experiência auxilie os docentes na construção de novas práticas educacionais.

Referências

ARAÚJO, U. F.; SASTRE, G. (org.). *Aprendizagem baseada em problemas no ensino superior*. São Paulo, SP: Summus Editorial, 2009.

BEHAR, P. A. *Modelos pedagógicos em educação a distância*. Porto Alegre: Artmed, 2009.

BROWN, T. *Design Thinking*: uma metodologia poderosa para decretar o fim das velhas ideias. Rio de Janeiro: Elsiever, 2010.

IDEO, Human-Centered Design Toolkit. 2009. Disponível em: <www.ideo.com/work/human-centered-design-toolkit.> Acesso em: fevereiro de 2016.

PLATTNER, H. et al. *Design Thinking Research*: Studying Co-Creation in Practice (Understanding Innovation). Berlim: Springer, 2012.

SHULMAN, L. S. *The Wisdom of Practice*: Essays on teaching, learning and learning to teach. San Francisco: Jossey-Bass, 2004.

WEIMER, M. *Learner-Centered Teaching*: Five Key Changes to Practice. San Francisco: Jossey-Bass/Wiley, 2002.

Impressão e Acabamento
Bartira
Gráfica
(011) 4393-2911